21世纪普通高等院校系列教材

2019.01—2020.12陕西省教育厅专项项目：陕西博物馆在对外文化传播中的功能研究；项目编号：19JK0548。

2018.11—2019.12校级精品课程：对外汉语技能教学；项目编号：18BJ06。

对外汉语重点语法教程（上）

DUIWAI HANYU ZHONGDIAN YUFA JIAOCHENG（SHANG）

主　编　陈　苗

副主编　李　叶　鲁珺歌　文安东

西南财经大学出版社

中国·成都

图书在版编目（CIP）数据

对外汉语重点语法教程.上/陈苗主编.—成都:西南财经大学出版社,
2020.6
ISBN 978-7-5504-3307-6

Ⅰ.①对⋯ Ⅱ.①陈⋯ Ⅲ.①汉语—语法—对外汉语—教学—教材
Ⅳ.①H195.4

中国版本图书馆 CIP 数据核字（2020）第 041099 号

对外汉语重点语法教程(上)

主　编　陈　苗

副主编　李　叶　鲁珺歌　文安东

责任编辑	王利
封面设计	杨红鹰　张姗姗
责任印制	朱曼丽
出版发行	西南财经大学出版社(四川省成都市光华村街55号)
网　　址	http://www.bookcj.com
电子邮件	bookcj@foxmail.com
邮政编码	610074
电　　话	028-87353785
照　　排	四川胜翔数码印务设计有限公司
印　　刷	郫县犀浦印刷厂
成品尺寸	185mm×260mm
印　　张	8.25
字　　数	198 千字
版　　次	2020 年 6 月第 1 版
印　　次	2020 年 6 月第 1 次印刷
书　　号	ISBN 978-7-5504-3307-6
定　　价	28.00 元

▶▶ 内容提要

　　《对外汉语重点语法教程（上）》是编者根据《国际汉语教学通用课程大纲》的要求编写的一本适合于应用型本科院校汉语国际教育专业、英语专业、学前教育专业学生使用的对外汉语教学实用教材。本教材的难度适中，内容新颖，注重理论与实践相结合，涵盖了对外汉语教学基础知识、第二语言教学法、语法教学、重点语法教学技巧等诸多方面。

　　本教材分为上下两篇，上篇为对外汉语基础知识，下篇为重点语法教学技巧。教材形式灵活多样，不仅适合汉语国际教育专业学生作为教材使用，还可以用于指导考研、国际汉语教师资格证考试、志愿者面试选拔考试等，同时亦可作为留学生专用教材，用于口语交际和 HSK 考试辅导。本书打破了传统语法教材"字典式"的讲解方式，呈现了真实的课堂教学图景。

▶▶ 序言

　　《对外汉语重点语法教程（上）》是一本适用于应用型本科院校汉语国际教育专业、英语专业、学前教育专业学生的教材。编写《对外汉语重点语法教程（上）》的想法始于 2017 年 12 月，这一想法受到西安科技大学高新学院汉语国际教育专业"导师制"培养模式的影响。"导师制"培养模式对提高汉语国际教育专业学生对外汉语教学技能，以及对新手教师的培养具有重大的意义。2018 年 1 月，我通过学校的海外交流机会，赴英国肯特大学进行汉语教学交流。英国肯特大学汉语课堂中的学生来源较多，既有韩国、日本等亚洲国家学生，也有法国、挪威等欧洲国家学生。基于这种情况，我决定策划撰写一本实用性强的对外汉语重点语法教材。我收集了各国学生的语法偏误资料，从中选取了对外汉语语法教学中典型的特殊句式进行分析，将对外汉语语法教学的学科理论知识、课堂教学设计、教学中的具体国别问题及实践性知识结合起来，而这些应该正是当下汉语国际教育相关理论教材所缺乏的。就这样，本书拉开了撰写的序幕。

　　本书共分上、下两篇，上篇是对外汉语教育学科相关理论，下篇是对外汉语重点语法课堂实际教学设计、案例分析、教学延伸及思考。

　　参与完成本书的作者是：上篇第一章（陈苗、李叶），第二章（文安东、陈苗），第三章（文安东、陈苗），第四章（鲁珺歌、陈苗），第五章（鲁珺歌、陈苗）；下篇第一章（陈苗），第二章（陈苗），第三章（陈苗），第四章（陈苗），第五章（李叶、陈苗），第六章（李叶、陈苗），第七章（文安东、陈苗），第八章（文安东、陈苗），第九章（陈苗、李叶）。整本书由陈苗策划、统稿。

　　编撰本书时，我仍在英国肯特大学交流访学。在此期间，我有幸跟随英国肯特大学英语与世界语言中心中文负责人苏茹老师学习，在海外汉语教学等方面，我得到了开阔视野、加深认识的机会。这些均为本书的撰写提供了充分的材料及依据，在此对苏老师表示特别感谢！同时也特别感谢西安科技大学高新学院国际教育与人文艺术学院教学院长刘淑颖教授给出的建设性意见以及西北大学文学院汉语国际教育专业带头人冯鸽教授给出的专业性指导。感谢参与本书编写的西安科技大学高新学院汉语国际教育教研室李叶、文安东、鲁珺歌老师。此外，本书的编撰参考了诸多专家、学者的著述，在此对他们表示衷心感谢！本书得到了西安科技大学高新学院领导孙龙杰、潘浩、翁连正和董世平的鼎力支持以及教务处领导赵清涛的大力协助，业内的许多专家也对本书提出了宝贵意见，在这里一并表示感谢。

本书既可以作为教材、培训材料使用，也可以作为课外阅读资料，主要适用于汉语国际教育专业、英语专业、学前教育专业本科学生，以及海内外新手教师和有意向从事汉语国际教育事业的广大人士。

在本书的编写过程中我们尽心尽力，试图呈现给广大读者一套有效提高对外汉语语法教学能力的应用型教材，但由于编者水平有限，不足之处在所难免，诚挚欢迎教育界的广大同仁及热情的读者将本书使用过程中的问题反馈给我们，以促进我们在编写《对外汉语重点语法教程（下）》时更上一层楼。

陈苗

2019 年 12 月

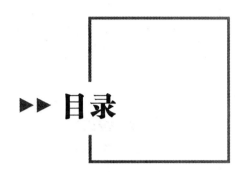

目录

上篇

下篇

上　篇

第一章

总论

第一节 学科性质

一、学科定位

对外汉语教育的学科性质是汉语作为第二语言的教育，应当定位于语言教育学科。它是语言教育学科下的第二语言教育的分支学科。

二、学科名称

1. 对外汉语教学

《中国大百科全书·语言文字》中说，对外汉语教学是指对外国人的汉语教学。实际上也包括对第一语言不是汉语的海外华人进行的汉语教学。这一名称基本上体现了这个学科的特点和内涵，简洁上口。局限：只突出了主要教学对象，未能全面准确地反映学科性质——第二语言教学。

2. 汉语教学

"对外汉语教学"原本是针对国内教外国人汉语这一事业所起的名字，明显带有从中国人的视角来描述这一学科的色彩。"对外"二字无法为国外从事汉语教学的同行使用，因此它只适用于中国国内。海外同行有的称之为"中文教学"（美国），有的称之为"中国语教学"（日本），也有的称之为"华文/语教学"（东南亚）。

3. 汉语作为第二语言的教学

从学术上较精确地指称这一学科内涵和性质的，应该是"作为第二语言的汉语教学"（Teaching of Chinese as a Second Language，TCSL）。这一名称能统指以上各名称，但名称太长不上口。

4. 应用语言学

广义的应用语言学是与理论语言学相对的概念，指把理论语言学的理论、规律、原则和方法应用到其他学科领域，从而产生的新的边缘学科，如神经语言学、病理语言学、数理语言学、计算语言学、社会语言学、心理语言学等。狭义的应用语言学则专指语言学理论在语言教学中的应用，特别是第二语言教学。

5. 外语教学法

这是国外语言学界广泛使用的名称，我国外语教学界也长期使用，但这一名称不能涵盖作为一门学科的理论层次和它所包含的全部内容。

第二节 语言教学的性质、任务

一、性质

对外汉语教学是一种第二语言教学，也是一种外语教学。

1. 对外汉语教学首先是语言教学

语言教学的根本任务是教好语言。语言教学必然涉及一定的文化内容，也必然包括一定的文化因素的教学，但文化因素的教学必须为语言教学服务。语言教学也不同于语言学的教学。语言是交际工具，教语言就是要让学习者掌握这个交际工具，形成运用汉语进行交际的能力。因此，语言课首先是技能课、工具课。

语言学是研究语言的性质和规律的科学，语言学的教学则教授有关语言的理论知识以及有关语言的研究方法。语言学的课程主要是知识课、理论课。语言教学中当然也包括一定的语言知识和语言规律教学，但教知识和规律也是为培养运用语言进行交际的能力服务的。

2. 对外汉语教学是第二语言教学

这一性质使其不同于第一语言教学。第一语言的语言教学是在已经较好地掌握了母语听、说、读、写基本技能，具备熟练的交际能力基础上进行的，主要负责培养学生的思想品德、情感品质、文学修养和审美能力。

第二语言教学往往是从零开始，以基础阶段为重点，带有短期、速成、集中、强化的特点，强调必须把知识转化为技能，以技能训练为中心，以培养运用目的语进行交际的能力为目标。对文化与文学、审美等的教学只能在学习者掌握目的语达到一定水平后才能进行。

3. 对外汉语教学是汉语作为第二语言的教学

汉语作为第二语言的教学，一方面受到第二语言教学普遍教学规律的制约，另一方面，汉语教学本身又有特殊的规律，不同于俄语、英语、日语等其他第二语言的教学。此外，汉语属于汉藏语系，与世界上其他语言谱系区别较大，对大多数人来说很陌生；汉语所体现的文化与其他民族的文化差异很大；目前汉语教学在国外还不普及，属于"非普遍教授语言"等因素也加大了汉语教学的特殊性。

4. 对外汉语教学是对外国人进行的以汉语作为第二语言的教学

这种作为第二语言的汉语教学不同于我国少数民族的汉语作为第二语言的教学。

二、对外汉语教学的任务

对外汉语教育的学科任务是：研究汉语作为第二语言的教育原理、教育过程和教育方法，并用来指导教育实践，从而更好地实现学习者德、智、体、美、劳全面发展的教育目的。

对外汉语教育学科研究的核心内容是对外汉语教学。它通过研究汉语作为第二语言的教与学的全过程和整个教学系统中各种内部和外部因素及其相互作用，揭示汉语作为第二语言的学习和教学的本质特征以及学习规律和教学规律，从而制定出对外汉语教学的基本原则和实施办法，并用来指导教学实践，以提高学习效率。

1. 内部因素

（1）学习与教学活动的主体——学习者和教师，包括学习者心理、生理策略等个体因素和教师的基本素质。

（2）学习与教学活动的客体——所教的目的语，即作为第二语言的汉语。

（3）学习与教学活动的本身——包括总体设计、教材编写、课堂教学测试评估等环节。

2. 外部因素

首先是一些基础学科，其次是语言环境，包括社会语言环境和教学语言环境及其对学习者所产生的影响，还包括国家的方针政策以及教育资源、教学条件对教学实践所产生的影响。

对外汉语作为一门分支学科，还有一项任务，即以自身的学科理论建设，为第二语言教育学科甚至整个语言教育学科的理论发展做出贡献。现有语言学理论是以西方语言为基础的，其是否适合汉语还有待进一步验证。从汉语特点出发研究汉语习得和教学的特殊规律，可以丰富人们对语言教学普遍规律的认识。

第三节　基础学科和相关学科

对外汉语教学理论基础方面，我们主要探讨语言学基础、教育学基础、心理学基础这三部分的内容。

一、语言学基础

1. 语言是一种符号系统

语言作为符号系统的特征启示我们：

（1）学习一种语言要重视语言的音和义，要掌握音和义的联系，遵守约定俗成的社会规则。

（2）学习一种语言要掌握语言系统和各分支系统。对外汉语教学的主要内容是语音、词汇、语法和汉字四个要素及其相关系统。

（3）声音是语言的物质外壳，语言本质上是口头的，文字是第二性的。对语言的学习和教学应从听、说开始，首先着眼于口头语言。

2. 语言存在于言语之中

根据区分语言和言语这一语言学理论，我们认为在对外汉语教学中，应当注意言语和语言、言语层次的教学与语言层次的教学的统一。

（1）对外汉语教学必须以言语为对象，从言语入手，只有通过言语才能学会语言。

教学中首先要抓听、说、读、写言语技能的训练，以培养学习者的交际能力。

（2）对于从言语中接触到的大量语言事实，应当总结归纳成一定的语言规则，让学习者自觉掌握。系统的语音、词汇、语法知识的教学也是十分必要的。

3. 语言有生成性

人们每天说的话都不一样，人的大脑所储存的不是每天要用的具体话语，而是规则系统。语言有极大的生成性，可以用有限的语言规则生成无限的表达意义的语言形式。每种语言的音位只有几十个，但语素则有几千个，由语素构成的词有几万个，而能生成的句子则是无穷的。语言的生成性启示我们：

（1）对外汉语教学的目的是培养学生创造性地运用汉语的能力，而不仅是教会学生掌握各种各样的语言素材。强调培养创造性地运用语言的能力，就能用有限的语言材料理解和表达无限丰富的思想。

（2）对外汉语教学的方法是要着重引导学生掌握并灵活运用语言规则。学习第二语言不能单凭死记硬背、机械模仿，而是要发挥学习者的创造性以灵活运用目的语。一定的操练模仿是必要的，但不能只停留在这一步，而是要帮助学习者归纳、掌握语言的生成规则，并能在各种情况下自如运用。

4. 语言是人类最重要的交际工具

（1）交际工具是语言的本质功能，这就决定了对外汉语教学的根本目标是让学习者形成运用汉语进行交际的能力。这也是检查学习效果的主要标准。

（2）为了掌握语言这一交际工具，语言课就要充分体现工具课、技能课的特点。不能仅仅教授或学习语言知识，而是要加强技能训练，把知识转化为技能并形成能力，最终能熟练地运用语言进行交际。

5. 语言是人类的思维工具

（1）要学好目的语，必须了解目的语民族独特的思维方式。在对外汉语教学中，应通过各种有效的途径介绍汉民族思维方式的特点。

（2）为了培养学生用目的语进行思维的能力，课堂中要尽量用汉语进行教学，要求学习者用汉语来理解和表达，尽可能不借助于母语或中介语。

6. 语言产生于特定的社团并体现该社团的文化

运用第二语言进行交际是一种跨文化的交际，必须遵守该语言的社会文化规约和社会习惯，否则无法达到交际的目的。它对对外汉语教学的启示：

（1）对外汉语教学不能脱离汉语所体现的中国文化。

（2）与汉语紧密相关的文化因素的教学是对外汉语教学不可或缺的内容。

7. 语言是人类独有的，只有人类才具备学习和运用语言的特殊生理基础

（1）语言是可以学会的。一个具有健全的大脑和发音器官的正常人都能掌握自己的母语，也能学会第二语言。

（2）成功的第二语言教学必须考虑到学习者的生理和心理因素，这些因素会影响到对语言的学习。

（3）对第二语言的学习具有普遍性质，人类学习第二语言的规律有很多共同之处。研究第二语言的学习过程和规律，对提高教学质量有很大意义。

语言的最本质的功能是人类最重要的交际工具，因此培养语言交际能力是语言教学的目的，学生要把语言当成交际工具来学习。

语言的内部结构体系是受规则支配的、具有生成性的符号系统，必须让学习者掌握语言形式及其组合规则，才能更有效地学习这种语言。

二、教育学基础

教育学是研究教育规律的科学，其重要组成部分——教学论是研究教学规律的理论。对外汉语教学作为一种具体的学科教学，必然要受到普遍教育规律和具体教学规律的制约，必须符合一般的教育原理。教育学涉及各种教育和教学的客观规律：教育的本质、教育方针、教育目的、教育制度、教育管理；教学过程、教学原则、教学内容（课程）、教学方法、教学手段、教学组织形式、教学效果检查。教育学的分支学科：教育哲学、教育史、教育心理学、教育统计学、教育工艺学、教育计划和比较教育学。

对外汉语教学是一种非常特殊的教学活动，它与一切其他学科教学有许多不同点：

第二语言教学所教的是一种新的代码（目的语），需要掌握一定的知识，但更为重要的是培养一种新的能力。而这种新代码与学习者原已掌握的代码（第一语言）之间不可避免地存在着较大的冲突和干扰。

第二语言学习的场所远远超出教育学通常所关注的小学、中学、大学等学校机构的范围，是整个社会特别是使用该语言的社会环境。对外汉语教学又是一种跨国家、跨文化的教学。学习场所甚至涉及另一个国家的学校和社会，学习内容也受到跨文化交际的影响。

本学科所要求达到的教学效果，即对目的语掌握的熟练程度也往往超出一般学科教学所要求达到的标准。第二语言学习的成功率相对来说比其他学科要小。检验语言学习成功与失败的标准——在交际中能否运用第二语言，也比其他学科更清楚。

1. 教学过程与教学原则

（1）教学和教学论

教学是由教师与学生共同参与的有组织、有计划地传授与学习系统的文化科学知识和技能，并使学生身心获得发展，形成一定的思想品德和技能的教育活动。这说明：

①教学的任务：使学生掌握系统的文化科学基础知识和基本技能。

②教学的目的：通过多种教育途径来实现。

③教育活动中最主要、最基本的途径是教学。

教学是中心，是教育的主体部分、核心部分。对外国学习者的教育任务，主要也是通过对外汉语教学来实现的。

对教学活动规律的研究称为教学论，俗称"教学法"。教学论所要研究的内容主要包括教学过程、教学原则、教学内容、教学方法、教学的组织形式和教学的效果检查等。

（2）教学过程的本质特征与教学模式

教学过程：教师和学生共同参与的教学活动过程。

过程论：对教学过程规律的研究。

教学过程的本质特征：

①在教学过程中，学生通过书本和课堂接受前人总结的实践经验，形成基本知识，然后再应用到实际中去。在对外汉语教学中，学生无须在生活中自己总结汉语语音、

词汇、语法规则，而是通过精心编写的教材和课堂上循序渐进的教学，获得由前人已经发现的汉语的规则系统，从而在较短的时间内通过集中学习基本掌握这种以前从未接触过的语言。这种掌握需要大量的课堂实践。

②在教学过程中，学生的认识活动是在教师的引导下进行的，但作为认识活动的主体，学生必须发挥主动性、积极性才能有效地完成认识过程。所以，对外汉语教学的基本原则是"以学生为中心，以教师为主导"。

③教学过程中学生的认识活动，是在教师和课本影响下进行的，因此要受到学生心理活动规律的制约和学生各种个体因素的影响，包括智力因素和非智力因素（动机、兴趣、意志、态度等），故而教师应分析、研究学生的个体因素。

（3）教学过程的模式

①传授式：在教师主导下系统地传授书本知识的模式。

②活动式：在教师辅导下，学生通过活动自己进行探究性学习的模式。

③发现式：既主张学生学习最新的、系统的、有严密逻辑结构的科学知识，又要求学生通过自己的活动去发现知识、总结规律。

④发展式：教学过程不仅是智育的过程，而且是促进人的身心全面发展的过程。

（4）教学原则

教学原则是从一定的教育和教学目的出发，在教学实践的基础上，根据对教学过程客观规律的认识而制定的指导教学工作的基本要求。

教学原则对一切教学活动，包括教学计划的制订、教学内容的选择、教学过程的组织、教学方法（手段）的运用都有指导作用。

普遍的教学原则有：

①科学性与思想性相结合；

②知识传授与智能发展相结合；

③理论联系实际与理论知识为主导相结合；

④教师的主导作用与学生主动性、自觉性相结合；

⑤统一的培养要求与因材施教相结合；

⑥系统性与循序渐进性相结合；

⑦直观性；

⑧巩固性；

⑨量力性。

2. 教学内容与教学方法

教学内容与教学方法也是教学论的主要组成部分。

（1）教学内容与课程论

教学内容通过教学计划、教学大纲和课程、教材等形式体现，教学内容的核心问题是课程设置。

对课程体系和内容、结构及其安排的规律的研究，称为课程论。课程论是指导课程设置的理论，目前有两大流派：

①学科课程论：这是一种以学科的知识体系为中心的课程理论，强调以各门学科知识固有的逻辑体系来组织课程，对社会生活实际和学生的兴趣、需要及接受能力考虑不多。

②活动课程论：这是以经验为中心的课程理论，强调学生的生活经验中包括了各方面的知识，课程的编排应与生活经验的发展顺序相一致；强调要让学生掌握解决实际问题的知识，提倡"教育即生活""干中学"，适应以能力培养为主的教学。

（2）教学方法

教学方法是指为完成一定的教学任务在教学活动中所采用的方法。

①影响教学方法的因素：

教学理论以及学习理论的发展；

教学手段的改进；

课程的改革。

②教学方法的指导思想：

根本指导思想是"启发式"；

关注多种教学法的组合，关注指导教学法的教学原则。

③主要教学方法：

以语言讲授为主的教学方法；

以观察为主的教学方法；

以训练为主的教学方法；

以陶冶为主的教学方法。

对对外汉语教学而言，教学方法主要有：以训练为主的方法以培养技能和能力；结合适当的讲授方法以掌握基本知识和规律；实物、幻灯、电影、录像和真实情境的教学以及视、听、读真实的第二语言教材；以欣赏为主的潜移默化的陶冶法。

三、心理学基础

心理学是研究心理现象及其规律的科学，几乎与一切学科都有关系。语言教学是受心理学影响较大的学科。对外汉语教学需要研究学生与教师在教学过程中的心理活动过程与规律，特别是感觉、知觉、记忆、表象、想像和思维等认知活动和意志活动、情绪活动的规律，以及如何运用这些规律促进对外汉语教学。

1. 语言的生理—心理基础

（1）大脑两半球的分工

左脑：主管抽象思维，主要是言语、概念、计算能力，具有言语、思维优势和认知优势。

右脑：主管形象、知觉、空间等跟形象思维有关的活动，善于感知音乐、图形、整体性的映像和几何空间，具有空间定向优势和情绪优势。

（2）大脑功能侧化与语言学习"关键期"假说

①大脑功能侧化。神经生理学研究表明，在生命早期，大脑两半球都有语言的潜在能力。从2周岁到进入青春期（12周岁左右）之前，是大脑语言功能向左侧化的时期。这是一个渐进的过程，4周岁以后大脑左半球开始显示其语言优势，到青春期开始时侧化已完成，右半球也失去了发展语言的能力。

②语言学习"关键期"假说：由美国心理语言学家伦尼伯格（E. Lenneberg）提出，是指在进入青春期（12周岁左右）以前，由于大脑语言功能侧化尚未完成，左脑和右脑都能参与语言习得的这段时期。此时大脑灵活，可塑性大，因此比较容易习得

语言。这是习得母语的最佳时期。

2. 记忆与第二语言学习

（1）记忆的类型

记忆是过去的经验在人脑中的保存和提取，是人脑对过去经历过的事物的反映。第二语言学习中，记忆很关键，听、说、读、写等各种言语活动都包含着一定的记忆过程。

①记忆按其内容分类：

形象记忆：对已感知过的事物的表象的记忆。如对字母、音素、词句的视觉形象和听觉形象的记忆。

逻辑记忆：对概念、判断、归纳、推理等逻辑思维过程的记忆。如对语音规律、词汇规律、语法规律的记忆。

情绪记忆：对已体验过的情绪或情感的记忆。如从某些对话、朗读或表演等活动中体验过愉快情绪的记忆。

运动记忆：对经历过的运动状态或动作形象的记忆，常常是一种对技能的记忆。听、说、读、写技能都包含着对运动技能如发音、书写动作的记忆。

②记忆按保持的状态和时间分类：

感觉记忆：感知后信息保持极短时间的记忆，通常以毫秒计，最长只有 1 秒。信息在本系统中按感觉痕迹形象即输入的原样和顺序被登记下来，并简单储存，尚未进行意义分析等心理加工。感觉记忆的容量（记忆广度）很大，足够接纳进入感官的所有信息，并以最快的速度决定其去留。被登记的信息只有在受到特别注意或经过模式的识别后，才能进入短时记忆系统，而其他信息则很快衰退、消失。

短时记忆：又称操作记忆。短时记忆是对信息进行操作的系统，是动态系统。感觉记忆的信息受到特别注意或进行模式识别后，就进入短时记忆系统临时储存。这些最新的感觉信息与从长时记忆中提取出来的以前的信息，包括语言的和非语言的，都可以在短时记忆中进行加工操作，以完成某项任务。感觉信息在短时记忆中保存 1 分钟左右，通常是以听觉形式编码，且基本保持逐词逐句的内容。短时记忆容量有限。

长时记忆：这是在头脑中长期保持的记忆，从保持 1 分钟以上直至终生。其容量是没有限度的。信息主要来源于短时记忆。短时记忆的信息要进入长时记忆，需要该信息呈现一定的强度（如生动程度）和重复。有研究表明，一个单词要反复 10 次以上才能记住。

长时记忆中储存信息的记忆代码主要是语言的，特别是语义编码，主要储存概念和规则。也有表象编码，储存语言材料的视觉和听觉形象。运动编码则储存运动技能，如发音、书写的技能。长时记忆中，信息主要以意义的形式保持，而不是逐词逐句的内容，也缺少细节。

（2）第二语言记忆的过程

记忆过程包括识记、保持、再认和重现四个基本环节，体现了信息的输入、储存和输出的过程。

①识记

第二语言的识记是记忆过程的第一个阶段，是指通过各种感觉器官感知、识别并记住第二语言的知识和技能的心理过程，是建立暂时神经联系痕迹或者叫记忆痕迹的过程。识记可以是一次，也可以是多次，多次识记就是复习。

②保持

第二语言的保持是对已识记的第二语言知识和技能加以巩固，也是对已形成的暂时神经联系痕迹加以巩固，使之长期存留在脑中以备应用。这是记忆过程中的第二个阶段。

③再认和重现

这是记忆的第三个阶段，即恢复记忆的两种形式，是暂时神经联系痕迹或记忆痕迹恢复的过程。第二语言的再认，是已经识记过的第二语言知识和技能再度呈现时能识别并确认的心理过程。在第二语言教学中，对目的语材料的阅读以及是非题、多项选择题等都是再认。

第二语言的重现也称为回忆，是指已经识记过的第二语言知识和技能虽然并未再度呈现但在脑中重新回想起来的心理过程。第二语言学习中的回答、对话、复述、作文等，都含有不同程度的重现。

（3）遗忘的规律与加强记忆

与第二语言的保持相对的是第二语言的遗忘，即记忆过的内容不能保持也不能正确地再认或重现，暂时神经联系的痕迹不能巩固。

遗忘又分部分遗忘和完全遗忘、暂时遗忘和永久遗忘。暂时遗忘是指识记过的内容一时不能再认或再现，但在一定条件下还可恢复。永久遗忘是已识记过的内容不经复习就不可能恢复记忆。

①心理学对遗忘产生的理论解释

衰退说：由记忆所建立的暂时神经联系的痕迹，由于得不到强化而逐渐衰退甚至消失，因而产生遗忘。

干扰说：由记忆所建立的暂时神经联系的痕迹，由于受到其他刺激的干扰而产生抑制，所以产生遗忘。

干扰信息保持的因素有两类：

前摄抑制：前边的学习活动对现在的记忆保持所产生的影响，即旧的记忆干扰新的记忆；

倒摄抑制：后边的学习活动对现在的记忆保持所产生的影响，即后边的新的记忆干扰旧的记忆。

两种学习活动的内容或材料完全相同或完全不同时，不会引起抑制；两种学习活动的内容或材料既相同又有不同时才产生因内容类似而引起的抑制。尤其是相同与不同各占一半时，所引起的抑制最大。

注意：第二语言教学中尽可能把近似的材料分隔开学习；清晨、临睡前学习有利于减少前摄抑制和倒摄抑制。

②影响遗忘的因素及对第二语言教学的启示

从识记的时间看，识记最初时间遗忘很快，识记后的一小时遗忘率达56%。以后逐渐放慢，31天后遗忘率达79%，到一定程度就不再遗忘。在第二语言教学中，对已识记的材料应赶在遗忘以前迅速地、及时地进行巩固、复习、重现和运用，并且要经常复习，复习的间距由短拉长。

从识记的内容看，有意义内容的识记比无意义内容的识记遗忘得慢；熟悉的、难易程度适合的材料比生疏的材料遗忘得慢；感兴趣、有需要的内容比不感兴趣、不需要的内容遗忘得慢。在第二语言教学中，要尽量做到形象生动，激发兴趣，合理安排识记材料。

从识记的数量看，识记的数量越大，遗忘得越多。在第二语言教学中，要掌握好"量"的因素。从识记的程度看，一定范围内识记的程度越高，遗忘越少。如果把超过刚能背诵的程度的继续学习称为过度学习，那么过度学习达150%时遗忘最少。在第二语言学习中，应鼓励学习者采用过度学习的策略。

从识记的方式看，结合视觉、听觉、动觉的识记效果好。在第二语言学习中，要多利用情景、实物、图片或多媒体强化形象教学。

第二章

外语教学法

第二语言教学法是一门研究教授和学习第二语言规律的科学，研究对象包括第二语言的教学理论、教学实践、教学过程和教学规律。第二语言教学法是一门独立的学科，也是一门综合性的学科，它与哲学、教育学、语言学、心理学、社会学等邻近学科有着密切的联系。在外语教学史上，第二语言教学法也通常被叫作"外语教学法"。外语教学方法的产生及其发展有其自身独特的客观规律，它同当时的社会发展水平、人们学习外语的目的、当时的哲学思想及相关理论的成长都有密切的关系，是一定历史条件的产物，有自己发生、存在和发展的理论基础和实践基础。

第二语言教学已经有悠久的历史，但现代第二语言教学的时间并不长，只有100多年的时间。在第二语言教学实践中，人们不断地对第二语言教学理论进行研究和探索，寻求有效的第二语言教学的方法，先后出现了数十种各具特色的第二语言教学法流派，其中影响较大的主要有：语法—翻译法、直接法、情景法、阅读法、自觉对比法、听说法、视听法、认知法、自觉实践法、全身反应法、咨询法、暗示法、自然法和交际法等。

第一节　语法—翻译法
(GRAMMAR–TRANSLATION METHOD)

一、历史背景

语法—翻译法产生于这样的社会历史条件下：当时的欧洲，古拉丁文/古希腊文是约定俗成的人为的国际语，是各国共同的文化载体，是各国受过教育的人（特别是有识之士）、大小官员、僧侣都必修的课程。可是，作为目的语学习的这种语言在当时基本上仅存在于书面语中，学习这种语言的主要目的也是能够读懂用这种文字写成的各种经典作品和官方文书，于是阅读成了当时外语教学的首要任务。

在当时，古典语言教学的另一个目标就是对学习者进行智力和思维训练。人们认为严密的语法是用来训练思维的最佳材料。古罗马教育家昆提利安（Quintilian）在其

《演说术原理》（De Institutione Oratoria）一书中曾提到"语法是教人说话和写作的艺术"。对于说话，特别是在把演说视为一种艺术的古代欧洲，被认为是与智力及思维分不开的。就这样，语法成为当时外语教学的重头戏也就成了一种必然。

另外，当时的外语学习者是在已经掌握了母语的前提下学习外语的。那时候，机械主义哲学在学术界占统治地位。机械主义哲学认为：一切语言都源于同一种语言，它们拥有共同的语法及词汇概念，差别仅表现为发音和书写形式的不同。在这样的理论指导下，对比翻译自然就成了外语教学的首选途径和主要手段。

我国著名教学法专家俞约法教授在评价这一教学流派时指出："在长期的教学实践中，语法—翻译法证明自己胜任这一任务，因此一直被当年的语文教育界所广泛采用，而且代代相传。"

二、基本原则

语法—翻译法的基本原则有：

（1）语音、语法、词汇教学相结合。

（2）阅读领先，着重培养阅读与翻译能力，兼顾听、说训练。

（3）以语法为主，在语法理论指导下读、译课文。

（4）依靠母语，把翻译既当成教学手段，又当成教学目的。

三、主要特征

语法—翻译法的主要特征包括 5 个方面：

（1）以培养读、写书面语能力以及发展智力为主要目标。

（2）以系统的语法知识为教学的主要内容，对语法规则进行详细的分析，要求学生熟记并通过翻译练习加以巩固。

（3）词汇的选择完全由课文内容决定，用对译的生词表进行教学，句子是讲授和练习的基本单位。

（4）用母语进行教学，母语和外语互相翻译是主要的教学手段、练习手段和评测手段。

（5）阅读领先，重视阅读能力和翻译能力的培养，强调学习规范的书面语，注重通过阅读外语名著来学习外语。

四、教学流程

语法—翻译法的教学流程：

（1）复习：默写单词；背诵课文段落。

（2）教授新词：在黑板上列出本课新词的单词、音标及母语解释，并逐字讲解。学生跟教师朗读单词。教师说出母语的意思，学生说出相应的英语单词。

（3）讲授语法：讲解语法意义及相关规则，在黑板上列出课文中的相关词汇，学生按语法规则进行转换等。

（4）讲解课文：教师逐句念课文，学生分析语法与译成母语。教师随时纠正错误。

（5）巩固新课：学生跟教师逐句朗读课文。教师按课文提问，学生按课文回答。

（6）布置作业：拼写单词；语法填空；背诵课文。

五、主要优点

语法—翻译法的主要优点：

1. 有助于语言基本功的扎实积累

语法—翻译法有利于学习者充分认识两种语言间的基本特征，形成扎实的语言文字功底。无须讳言，我国过去大批的外语学者都是用这种教学方法培养出来的。他们都有深厚的语言功力：理解力强，阅读水平高；博学多才，对目的语理解深刻。这是因为，语法—翻译法强调对语言点、词汇和语法的教学。在长期的目的语和母语的对比过程中，语言学习趋于严密、精确，保证了学习者对词、句、篇的深入理解。认知心理学家奥苏贝尔（D. P. Ausubel）提出"有意义的学习"的理论。该理论强调在学习中对所学基本规则和基本概念的理解，认为认知是学习的开始，并以理解为目的。语法—翻译法还注重理解在学习外语方面的重要性。从这一点看来，语法—翻译法的教学思路符合学习的认知规律，这自然会加深学习者对语言的深层领悟并形成牢固的语文能力。

2. 有助于培养良好的语言学习习惯和学习方法

语法—翻译法有利于培养学习者良好的学习习惯并形成稳固的自学能力。语法—翻译法以阅读为主要教学目的和训练手段，在长期的阅读过程中，学习者的阅读速度、阅读质量及阅读心理都得到了极大的改善和提高；通过阅读，学习者还拓宽了知识面，提高了文化素养。更重要的是，学习者学会了如何亲手解决遇到的实际问题，形成较强的自学能力。语法—翻译法素来注重语感的培养，这种具有自动化倾向的学习习惯在整个语言学习过程中有时起着举足轻重的作用。

3. 语法—翻译法对教师的外语能力要求不高，易于操作

语法—翻译法在具体操作中采用母语与目的语对比的方式，大部分内容用母语讲述，进一步降低了对教师的要求。该方法在授课过程中，只要有良好的教学秩序，只要能保证每个学生都听清楚老师的授课，班额大小对教学并无实质性影响，因此有人说它是一种最低限度可行的教法。

六、主要缺点

语法—翻译法的主要缺点：

（1）忽视口语教学和语音教学，缺乏听说能力的训练。重书面、轻口语是语法—翻译法的首要缺点，也是批评者对它攻击的首要方面。很明显，在现代外语教学中，口语是一个不容忽视的方面。语言是以语音为物质外壳存在的。现代社会的国际交往日渐加强，急需大量的口语人才。显然单纯的语法—翻译法无法完成这一教学任务。现代教育心理学还证明：没有一种语言技能是孤立存在的。各种技能之间有着不同程度的依存关系，或互相影响，或互相补充，对一种技能的掌握有利于另一种技能的发展。由此可见，忽视听、说能力的培养，还会影响学习者语言潜力的开发，还会制约读、写能力的发展进程。

（2）以教师为中心，教学方式单一，学生缺少实践机会，课堂气氛沉闷；教学内容简单、教学过程比较枯燥（指经典文学作品）。学习者容易丧失学习外语的积极性。在教学过程中，语法—翻译法是通过大量机械性练习来巩固学习效果的，过程单调乏

味，甚至为了语法项目而人为创造一些无意义的练习，很容易挫伤学习者的学习热情。除了一些有耐心的学习者外，好些人因为忍受不了这种枯燥的教学方法而失去了对学习的信心，对外语学习持消极态度。近年来学者们对学习过程中非智力因素的研究表明：学习态度是决定不同学习者取得不同程度的成功的主要原因。

（3）利用母语教学，过分强调翻译，不利于培养学生运用目的语进行思维和交际的能力。现在我国实行素质教育，素质教育的实质就是提高全民族文化素养。外语教育是我国素质教育的一个重要组成部分。如果因为教学方法的问题而让一部分学习者失去对外语学习的兴趣，不仅会造成教育上的浪费，更会影响素质教育的彻底实施。

七、语法—翻译法的改进及发展趋势

由于语法—翻译法存在以上不足，所以需要进行改进及发展。

1. 加强听、说训练，培养学习者综合语言能力

其一，教师要把口语能力的培养提高到一个较高层次来认识。一方面，培养外语学习者的听、说能力是外语教学的主要任务之一；另一方面，听、说能力的提高会影响和制约其他能力的发展。因此，教师在教学设计和教学实践中，不但要重视对口语内容的安排，还要在整个教学过程中坚持听、说、读、写全面发展的教学思想。

其二，教师本人要提高自己的口语能力。作为教与学的组织者，教师的口语能力和语言意识对学习者听、说能力的培养有很大的影响。如果教师能在课堂上多讲一些地道的目的语，必然会给学习者以潜移默化的熏陶和引导。

其三，教师应把现代科技教学手段引入课堂以加强口语教学。现代科学技术的飞速发展给外语教学带来了前所未有的活力。作为辅助手段，录音机、投影机甚至多媒体在课堂上越来越多地被采用并发挥了一定的作用。这些设备既能弥补教师口语能力的不足，还能激发学习者的学习热情。当然，对这些教辅设施的利用一定要合理有效，否则不但老师会变成机器的奴隶，还会直接影响教学效果。

2. 重视学习者个人差异，激发学生的学习热情

现代教育越来越重视以学习者为中心的教学方法。研究表明，影响教学的因素不仅在于教的方面，而且在于学的方面。学习者年龄、动机甚至性格都是制约学习结果的主要原因。因此，教法的选择、教学内容的安排和设计都要符合学习者年龄特征及个性心理特征。

语法—翻译法在成人外语教育方面的优势是显而易见的。俞约法教授指出：这种方法在一定程度上符合已掌握母语的人再学习第二种语言文字的习语规律。1928 年，桑代克用这种方法做过一次世界语教学的实验，证明此教学方法对成人比对儿童更有用。

3. 采用灵活多变的教学方式

随着教师教龄的增加，他们常常在教学中采用自己感觉顺手的方法来组织教学并形成习惯，褒义地讲，这是一种风格化的表现。可是时间长了，学生往往对单调的教法感到厌倦。因此，教师必须在风格化的基础上经常对教学方法做一些调整和变化。应该说明的是，这种变化并不意味着各种教学法的随意组合或无序拼凑，而是教师根据教学任务、教学对象及教学内容的特点进行的一种有针对性的理性选择。

4. 教学方法的折中融合

在外语教学法的发展过程中，不断出现折中化/综合化趋向。苏联的"自觉实践法"、美国的"认知法"、我国的"张思中外语教学法""立体教学法""四位一体教学法"等都是在教学实践中根据具体的教学任务和教学对象，在过去教学方法的基础上折中、融合的产物。这些方法的出现，进一步说明了"发展某一理论而排斥其他理论……是不明智的，最有益的尝试莫过于把优点结合起来"。

如前所述，语法—翻译法自产生之日起就呈现出发展的态势。它至今仍存在于课堂教学中，证明了它的生命力和适应性。外语教学的目的总会随着社会的发展而变化，我们也应对语法—翻译法中的合理成分进行合理利用，使其为我国的外语教学服务。

八、历史意义

语法—翻译法是第二语言教学法史上第一个完整的教学法体系，也是第二语言教学史上最古老的教学法，其历史悠久，生命力强，从19世纪40年代到20世纪40年代的100年间，在欧洲第二语言教学中一直居于统治地位。

语法—翻译法很早就被介绍到我国，成为我国早期的外语教学法之一，它对我国的外语教学和汉语作为第二语言的教学影响很大。我国通常把语法—翻译法称为传统教学法。长期以来，这种传统教学法在我国汉语教学中一直占统治地位，直到目前，在我国仍占有相当的市场。

第二节　直接法（DIRECT METHOD）

一、历史背景

19世纪下半叶，作为语法—翻译法的对立物出现于西欧的直接法，主要流行于德国和法国。19世纪下半叶，西欧各国的资本主义有了进一步的发展，语言不通日益成了各国直接交往的最大障碍，人们越来越意识到口语交际的重要，认为口语应成为外语教学的主要目的。直接法主张采用口语材料作为教学内容，强调模仿，主张用教儿童学习本族语言的方法，即"通过说话学说话"的方法来学习外语，教学过程是一句话一句话地听、模仿、反复练习，直到养成语言习惯。教学中只用外语讲述，广泛利用手势、动作、表情、实物、图画等直观手段，要求外语与思想直接联系，绝对不使用本族语，即完全不借助于翻译，语法降到完全不重要的地位。直接法在教活语言特别是在培养口语能力方面，取得了显著的成绩。

二、基本原则

直接法的基本原则是：

（1）语言学基础是当时发展起来的语音学和科学的连贯语法。

（2）教育学基础方面，夸美纽斯等人提出的"教育适应自然"的思想对直接法的形成产生了很大的影响。他们提出的"直观性"原则、"循序渐进"原则等都成为直接法的教学论基础。

（3）心理学方面，直接法受联想主义心理学的影响较大，此时兴起的行为主义心理学"刺激—反应"的观点也为直接法提供了理论依据。

三、语言观

直接法的学者们观察到：幼儿学习母语只需较短的时间就学会说话，满足日常口头交际的需要，发音纯正，说话自然，学起来轻松愉快。他们认为，采用幼儿学语的办法学习外语"顺乎人类学语的自然规律"。在"幼儿学语"论的基础上，直接法形成了一系列教学原则：直接联系原则、句本位原则、以模仿为主原则、以归纳途径教语法规则原则、以口语为基本原则和以当代通用语言为基本教材原则等。

四、主要特征

直接法的主要特征表现在以下 5 个方面：

（1）教学中尽量不用母语，不用翻译，不用形式语法，直接用外语讲练外语，培养学生直接运用外语思维的能力。

（2）主张以口语为基础，以模仿多练为主，认为外语教学应该从口语而不是从书面语入门，应在听、说的基础上学习读、写。

（3）充分利用直观教具，激发学习兴趣；以模仿为主，注重实践练习，培养语言习惯，即培养"语感"。

（4）以句子为教学的基本单位，认为句子是口头交际的基本单位，幼儿学语是整句整句地学的，而不是先学一个个孤立的单词和一条条孤立的语法规则，更不是先孤立地学会单音和字母才去学话的，因此，教外语也应当以句子为单位，整句学、整句用。

（5）主张以当代通用语言"活语言"为教学内容，反对语法—翻译法以古典文学作品为基本教材。

五、主要优点

直接法的主要优点有：
（1）重视口语和语音教学；
（2）强调直接运用目的语进行教和学；
（3）注重语言实践，多说多练；
（4）充分利用直观教具，加深学生的感知印象。

六、主要缺点

直接法的主要缺点有：
（1）用第一语言教学的教授方法来教授第二语言，忽视了第二语言教学的特殊性；
（2）排斥母语在外语教学中的作用；
（3）一系列的句型模仿具有一定的局限性，用第一语言教学的教授方法来教授第二语言，忽视了第二语言教学的特殊性。

七、历史意义

直接法在 19 世纪中后期到第二次世界大战的七八十年间广为流行。它是一个继语法—翻译法之后影响很大的外语教学法流派，它的出现掀起了外语教学史上的一场改革运动，打破了语法—翻译法一统天下的局面，建立起语言与客观事物的直接联系，开辟了语言教学的新途径，把外语教学从书面语引向口语，改死记硬背语法规则为培养听说读写的能力，在教授活语言、培养口语能力方面取得了显著的成绩，对以后的外语教学和后来的第二语言教学法一直产生着重大影响。如果说，古典语法—翻译法是一种传统法，是以后的自觉对比法、认知法等流派的本源的话，那么，直接法作为改革法，则开以后的听说法、视听法、功能法、自觉实践法等新改革法流派的先河。直接法出现以后被很多国家所采用，20 世纪对我国汉语教学界和对外汉语教学界产生过较大的影响，当时我国的对外汉语教学法也曾被称为"相对直接法"。

第三节 听说法（AUDIOLINGUAL METHOD）

一、历史背景

听说法，又称"口语法""句型法""结构法""军队教法"。这是一种强调通过反复的句型结构操练培养口语听、说能力的教学法。听说法于 20 世纪 40 年代在美国产生。第二次世界大战爆发后，美国军队为在短期内培养大批掌握外语口语能力的军人，采取了一系列的措施和手段来强化训练士兵的听、说能力，听说法便应运而生。第二次世界大战后，该法被推广应用到学校外语教学中，并在 20 世纪五六十年代风行于美国等西方各国。

二、理论基础

语言学理论基础是美国结构主义语言学，该法强调第二语言教学要从口语开始，从说话开始，通过掌握语言结构学会目的语。听说法认为，教学中首先应该给学生口语语言材料，而不是书面材料，因为他们认为口语材料能让学生的外语应用水平提高更快。

心理学基础是行为主义心理学的刺激—反应论。行为主义心理学认为，言语行为通过刺激与反应的联结并加以强化而形成习惯，强调第二语言教学要通过大量的模仿和反复操练养成新的语言习惯。语言学习就是要养成一种习惯，经过反复练习，形成一种习惯，遇到需要的时候自然而然地就会使用。如我们反复练习"你身体怎么样？""天气怎么样？"等关于"怎么样"疑问方式的训练，让学生形成这种疑问方式的习惯。错误在听说法中被认为是非常有害的，会让学生形成不好的语言习惯，因此要尽量避免让学生发生错误。如果学生说出"很吃饭"（意思是吃很多饭），就可能形成了不好的习惯，这样的习惯可能会影响学生以后的语言表达，形成"很+动词结构"的语言习惯。因此错误是应该被及时严格纠正的。

三、教学过程

听说法的教学过程包括：

（1）认识（recognition）阶段：教师通过直观手段或上下文、情景等手段向学生发出语言信号（主要是句型），表明语言信号所表达的意思，让学生把信号和它所表示的意思联系起来，即"听音会意"。

（2）模仿（imitation）阶段：让学生通过仿说—纠错—再仿说，同时记忆来学习语言。

（3）重复（repetition）阶段：让学生重现通过模仿已经记住的语言材料，做各种记忆性练习，一直到能正确理解和背诵为止。

（4）变换（variation）阶段：为了培养学生活用语言的能力，做各种不同的变换句子结构的练习。如替换（substitution）、转换（conversion）、扩展（expansion）等操练活动。

（5）选择（selection）阶段：让学生从已学的语言材料中选用某些词汇、成语和句型，描述特定的场面或事件即综合运用，进一步培养学生把学过的语言材料运用于实践的能力。

四、基本具体操作过程

基本具体操作过程如下：

（1）先让学生听一段对话；

（2）让学生重复对话；

（3）调换对话中一定的关键词或短语；

（4）利用关键结构组成不同的对话来操练；

（5）学生在对话模式中练习。

如教"谈论天气"的口语课时，我们按照上边的步骤一步步操作是这样的：先将课文对话放录音给学生听，当然不止一遍，可以反复几次，直到学生能够复述对话。接下来让学生分组练习对话。然后老师调换句子中的一些词语，对主要的句型或语法模式如"听说……"等进行练习。再接下来就利用学生已经练习得比较熟练的句子结构进行对话练习。教师很大程度上影响学生的心理、学习兴趣和动机。教师应该以学生为中心，帮助学生正确认识汉字，正确理解汉语的特质。不能学生要求什么我们就教什么，学生对于汉语的所知毕竟不如老师多。

五、听说法的主要特征

听说法的主要特征有以下 7 个方面：

（1）听说领先。注重口语，听说领先，听说是一切言语活动的基础。口语是第一位的，读写是在听说的基础上派生出来的；初级阶段先练口语，以培养口语能力为主，读写为辅。

（2）反复操练，用模仿、重复、记忆的方法去反复实践，形成自动化的习惯。

（3）以句型为中心。句型是语言教学的基础，也是外语教学的中心，通过句型操练能自动化地运用每一个句型，掌握目的语。

（4）排斥或限制使用母语和翻译，尽量用直观手段或借助于情景、语境，直接用目的语理解和表达。

（5）对比语言结构，确定教学难点，把外语教学的主要力量放在攻克难点上。语言结构对比包括母语同目的语结构的对比分析和目的语结构内部的对比分析。

（6）能及时、严格地纠正学习者出现的错误，培养正确的语言习惯。

（7）广泛利用现代化教学技术手段，如幻灯、录音、电影、电视等，通过多种途径进行强化刺激。

六、主要优点

听说法的主要优点有：

（1）重视句型教学。句型结构训练可以避免语法—翻译法那种繁琐的语法分析和抽象推理，是学生掌握外语的有效手段。熟练地掌握句型，有利于外语语言习惯的养成。

（2）强调外语教学的实践性，即教语言本身，而不是教有关语言的知识。

（3）重视口语能力的培养，在口语基础上培养书面语。听、说训练有利于培养学生的外语听力理解能力和学到比较自然的外语语音语调，使学生在学习外语的初级阶段，在有限的材料范围内就能流利地听、说外语。

（4）广泛利用对比的方法，在对比母语与外语的句型结构特点的基础上找出难点，根据由易到难安排句型操练，有针对性地编写教材，有利于加强重点和难点句型的训练和掌握，有利于学生学习和掌握外语。

（5）有利于教师组织材料、扩展对话，给教师以充分的发挥空间。

七、主要缺点

听说法的主要缺点有：

（1）把语言看成是一系列刺激—反应的行为过程，忽视语言训练和运用的创造性。

（2）在句型操练中一般不指明语法规则，同时也忽视词汇和语义的分析，这就使得学生对语言体系没有一个清晰的概念。加上句型操练只是一种机械性的重复和记忆，学生的语言创造力得不到充分的发挥。

（3）听说法过于重视训练语言的形式，脱离语言的意义和交际来机械地操练语言结构，所学的语言很不自然，不利于培养学生应付自然的语言交际的能力。有些学生能把句型背得滚瓜烂熟，但在交际场合不会运用，或用得不恰当，甚至出错。

（4）把听说材料本身当成了教学方法，而不是教学辅助工具。

（5）教学材料匮乏，跟不上时代的发展。

（6）电化教学手段的使用，给师生造成了额外的操作问题、负担、时间及投资上的浪费，而且效果并不总是很理想。

（7）过多地、机械地模仿操练句型使成人外语学习者感到枯燥无味。教学方法机械、单调，容易造成课堂的沉闷气氛，容易使学生产生厌倦情绪。

（8）听说法是由教师决定要教的内容，决定教的进度，决定学习的方法，指挥学生练习，判断什么是对，什么是错。学生基本上处于被动的地位，教师教什么，他们就学什么。这种以教师为"核心"的教学方法不利于调动学生的学习积极性。威多逊曾指出，教与学的关系不是一个过程对等的两端，不能把教的一方看成施动者，把学的一方看成受动者，一方给，一方取。正确的关系是学的一方施动，教的一方助动。

听说法有其自身的优点，易于操作，学生练习的机会多，对于提高口语水平较有帮助，可能对短期速成的学生比较有效。这对于长远的汉语教学来说，却可能是不合适的。一个学汉语的学生只会听说而不会读写，是不合理的。

八、听说法改进及发展趋势

听说法在 20 世纪 50~60 年代期间在世界范围内产生了很大的影响。无论在理论基础还是方法方面，听说法都较语法—翻译法和直接法更系统和全面，内涵也比后者丰富得多。在外语教学的历史上，听说法第一次将现代语言学和心理学的研究成果与外语教学结合起来，并自觉地将语言学的理论作为外语教学理论的基础，这是外语教学发展的一大进步。听说法还将 20 世纪 60 年代的电化技术引入教学中，广泛使用语言实验室、录音机及投影仪等，实现了"现代化教学手段的革新"。

听说法继承了直接法的特点，但又不同于直接法，它的不同点在于强调句型的重要性和对比的方法，使学生了解新句型或话语。听说法要求先听后说，非听不说，非说不读，非读不写。听说法忽视了书面语，枯燥无味的机械的句型操练使学生感到厌烦，并影响了培养学生有效地运用语言的能力。于是，在 20 世纪 50 年代的法国出现了视听法，进而发展了听说法。

九、历史意义

在第二语言教学史上，听说法是一种理论基础非常雄厚的教学法流派，它把结构主义理论和行为主义理论应用到外语教学中，使外语教学建立在当代科学研究成果的基础之上，具有划时代的意义。听说法的出现成为第二语言教学法发展史上的一个里程碑，在理论和实践两个方面都促进了第二语言教学法的发展。

第四节 视听法（AUDIO-VISUAL METHOD）

一、历史背景

视听法于 20 世纪 50 年代产生于法国。随着大众传播工具的迅速发展，广播、电影、幻灯、录像、录音等工具被广泛运用于外语教学领域，即通过运用声、光、电等现代化设备，使语言与形象结合起来，建立起外语与客观事物的直接联系，使视觉感受和听觉感受相结合。

视听法发扬了直接法、听说法的长处，采用情景对话形式，从口语话语出发，针对外语教学强调一种结构性、整体性。究其本质，它是听说法的发展。但视听法作为独立学派，自有其特点，如在教学中广泛使用声、光、电的现代化教学技术设备，使语言与形象紧密结合，在情景中整体感知外语的声音和结构。视听结合的方法比单纯依靠听觉或视觉来理解、记忆和储存的语言材料要多得多。视觉形象为学生提供形象思维的条件，促使学生自然和牢固地掌握外语。听觉形象有助于养成正确的语音、语调、节奏及遣词、造句的能力和习惯。视听法有着种种有利于培养实际交际能力的优势，其基本原则为：听说优先于读写，通过"刺激—反应"重复练习形成习惯，强调情景教学，禁止使用母语，强调句型教授等。

二、基本原则

20世纪50年代结构主义语言学家对外语教学的影响是显著的。视听法是以索绪尔结构主义语言学为基础的，又称为整体结构法。索绪尔认为，如果以实际掌握外语为目的的话，那么教学内容应该是言语、言语活动，而不是语言科学。一些结构主义语言学家还认为语言首先是一种口语体系，因此视听法强调听说优先于读写，提倡口语领先原则，口语是第一位的，书面是第二位的。布龙菲尔德认为语言是由结构上相关的表意成分组成的系统，语言学习就是通过对语言进行结构分析，练习并掌握这个系统内的成分。他认为外语学习只能靠观察模仿母语者实际说的话。视听教学法利用情景教学使学生整体感知语言，在课堂上反复练习，对学生形成刺激，使其在碰到类似场景时做出反应。可以看出，视听法的产生与行为心理学也有密切关系，其方法符合了行为心理学家强调的通过"刺激—反应"形成语言习惯的观点：近似于儿童学习母语。

三、主要特征

视听教学法的理论基础是建立在现在语言学和心理学基础之上的，它是力求实现把教学材料即教学活动和教学技巧融为一体的教学模式，其主要特点为：

（1）视听教学法比较重视口语能力的提高，可以帮助学习者实现语言的准确性和流畅性。视听法认为外语学习的最终目的就是学以致用，而这种应用就是让学生开口说。语言的准确性在于对它做一个正确全面的理解，学习外语不仅仅只是对其语法和结构的理解，而且在于对它进行超越字面意思的交流，从而完成对这种语言的整体理解。

（2）视听教学法侧重于语言和情景密切结合。传统外语教学往往把学生放在比较枯燥的语言环境中去学习，学生往往感受不到一个真实的语言环境，这对学习语言是不利的。视听法除了注重学生的听说能力外，往往是把学生放在一个真实的语言环境里面，通过现代教学辅助手段，让学生一边看画面，一边练习听说，身临其境，把看到的情景和听到的声音自然地联系起来，使学生的印象更加深刻。传统教学就忽视了这种教学方法，把学习变得比较枯燥，不利于学生外语水平的提高。

（3）视听教学法还对现代教学方式有了新的要求。传统的教学辅助方式只是简单的黑板、粉笔，条件较好一点的教师会有一些图片作为教学的辅助方式，实际上这种教学方式也限制了学生外语能力的提高。而现代多媒体教学在汉语教学中的应用，更进一步帮助提高了视听法在汉语教学中的作用，因为多媒体向学生提供了内容更广泛、画面更生动的学习内容，使学生更好地融入了学习英语的气氛之中。

（4）视听教学法对外语教师的要求进一步提高。教师在进行外语教学前，应该很清楚学生学习此种语言的目的何在以及他们所要达到的目标是什么。如果教师认为学生学习外语的目的就是通过各种各样的考试，那定位就错了。视听教学法要求教师在外语教学过程中，帮助学生找出更适合他们的学习该语言的方法。视听教学法还对外语教师驾驭课堂的能力提出了更高的要求，教师应该在课前尽最大能力组织视听材料，课堂上想尽一切办法促使学生运用语言进行模仿、进行交流，想尽一切办法调动学生学习英语的积极性，使课堂生活有趣、生动，并且要有一定的挑战性。总而言之，教师不仅仅在汉语教学中扮演知识传授者的角色，他们还是组织者、管理者和监督者。

四、教学过程

视听法的教学过程一般分为四个步骤，即感知、理解、练习和活用。

五、主要优点

视听法的主要优点有：

（1）情景视觉与录音听觉相结合，充分利用视听手段，使学生同时见其形、听其声，调动左右脑的神经细胞，加快学生学习外语的过程，促进学生在所学的外语与实物之间建立直接的联系，从小学会用外语思维的能力。

（2）强调在日常生活情景中直接感知整体的语言，并在交流中学习和学得语音、词汇和语法，有利于培养学生灵活运用语言的能力。逼真的教学情景让学生能够把所学的外语直接运用于日常生活中。对话是进行口语教学的最重要的手段。对话教学既有利于培养学生的口语能力，又能使课堂教学变得更加生动、活泼。

（3）强调口语领先、读写跟上的原则，重视培养语感，用外语讲解外语。

（4）学生一开始就能听到地道的外语，日积月累，有助于养成准确的语音和语调以及遣词造句的习惯。

六、主要缺点

视听法的主要缺点有：

（1）疏于强调整体结构感知和综合训练，忽视语言知识的分析和讲解，不利于学生理解和运用外语。

（2）过于强调视觉直观的作用，完全排斥母语，忽略母语的中介作用。

（3）过于重视语言形式，忽视交际能力的培养。强调以情景为线索来选择和安排语言材料，但由于情景的设计常常是虚构的，因而情景中的话语并不能最大限度地满足学生言语交际的实际需要。

七、历史意义

视听法继承并发扬了直接法和听说法的长处，其最大的贡献在于它广泛地运用声、光、电等现代化设备，使语言和形象紧密结合，在情景中整体感知语言的声音和结构。视听法在初创时是法国对外国成年人进行短期速成教学的一种方法，在欧洲大陆的一些国家得到推广和应用，20世纪70年代中期以来成为一种被广泛采用的第二语言教学法。20世纪60年代中期中法建交，视听法开始传入我国。

第五节 认知法（COGNITIVE APPROACH）

一、历史背景

认知法产生于20世纪60年代中期的美国，这种教学法是作为听说法的对立面而产生的。20世纪60年代科学技术飞速发展，国际上政治、经济、军事、科技各个领域的激烈竞争，要求大量能够直接进行国际科技文化交流的高水平人才，以培养口语能力为主的听说法已不适应这种形势发展的需要，外语教学界要求用新的方法代替听说法的呼声越来越高；此时，美国的心理学、教育学、语言学等基础理论学科也有了很大的发展。这就为创立新的外语教学法体系提供了坚实的基础，在这种背景下认知法便应运而生。

二、理论基础

语言学基础是乔姆斯基的转换生成理论，他提出一个"语言习得机制"假说来解释语言学习过程，区分了语言能力和语言行为。

心理学基础是皮亚杰的发生认识论和布鲁纳的学科结构论、发现学习论等。

教育学原则："学生中心论"。

三、教学过程

认知法把外语教学过程分为语言的理解、语言能力的培养和语言的运用三个阶段。

四、主要特征

认知法有以下8个主要特征：

（1）以学生为中心，教师的作用是激发学生的学习动机和兴趣，指导学生从言语实践中发现规则，并为学生提供创造性地活用规则的机会和情景，从而使学生掌握规则。

（2）注重发展学生的语言能力，使学生能够运用有限的语言规则创造性地理解和生成无限的句子。

（3）注重理解，在理解语言知识和规则的基础上进行操练，反对机械性的死记硬背。

（4）反对听说领先，认为语言的声音和文字在语言学习活动中相辅相成，主张一开始就进行听、说、读、写的全面训练，听、说、读、写齐头并进，全面发展。

（5）容忍学生的语言错误，主张对错误进行分析和疏导，只改主要错误，反对有错必纠。

（6）通过母语与目的语的对比分析，确定学习的重点和难点。

（7）必要时可利用母语，允许适当利用母语进行讲解和翻译。

（8）广泛运用直观教具和电化教学手段，有助于创造语言环境，使外语教学情景化、交际化。

五、主要优点

认知法强调以学生为中心，强调有意义的学习和有意义的训练，注重理解。

六、主要缺点

认知法作为一个独立的外语教学法，体系还不够完善，在理论和实践方面都需要进一步充实。从理论上说，认知法理论基础的一些理论还处在形成和发展阶段，如转换生成语法体系怎样运用到教学实践中去等问题还需要进一步探索。从实践上讲，缺乏与该理论原则相适应的配套教材。该法在美国多用于教本国人学外语，而在教他族人学英语时基本上不用此法。

七、历史意义

认知法是与听说法相对立的第二语言教学法一大流派。认知法来源于翻译法，但不是翻译法的机械重复，而是有所发展和提高。它把当代心理学的最新成果"认知学理论"运用到语言教学研究中来，首创了对学习者的研究，使外语教学法建立在更加科学的基础之上，对第二语言教学做出了贡献。

第六节　交际法（COMMUNICATIVE APPROACH）

一、历史背景

（1）定义：交际法又称"意念法""功能法""意念—功能法"。它是以语言功能项目为纲，培养在特定的社会语境中运用语言进行交际能力的一种教学法体系。

（2）时间：产生于20世纪70年代初期的欧洲经济共同体国家，其中心在英国。

（3）创始人：英国语言学家威尔金斯。其代表人物还有英国的语言教育家亚历山大、威多森和荷兰的范埃克。

（4）运用交际法编写出的最有名的教材是《跟我学》（*Follow Me*）。

二、理论基础

语言学理论基础是20世纪60年代兴起、70年代形成高潮的社会语言学，尤其是社会语言学家海姆斯的交际能力理论、功能主义语言学家韩礼德的功能语言理论和话语分析理论，以及威多森的语言交际观。交际法的语言观认为，语言是表达意义的系统，其基本功能是社会交际。语言学不应仅仅研究语言的形式，更要关注语言要完成的社会功能以及语言在人们社会交往中受到的制约，因此，第二语言教学的目的不仅是让学习者掌握语言规则、能正确地运用语言，更要掌握语言的使用规则，得体地运用语言。

心理学基础是人本主义心理学和20世纪60年代后期兴起的心理语言学。交际法强调以学生为中心，首先要分析学习者对第二语言的需要，教学内容和教学方法的确定都必须从学习者的需要出发。交际法还认为，学习者在言语中出现一些错误是正常的也是不可避免的现象，学习者所追求的不可能是完美无缺的交际，而只能是有缺陷的但有效的交际，因此，对学习者的语言错误不应苛求。

三、主要特征

交际法教学有 8 个主要特征：

（1）以培养交际功能为宗旨，明确提出第二语言教学目标是培养创造性地运用语言的交际能力，不仅要求语言运用的正确性，还要求得体性。

（2）以功能意念为纲。根据学习者的实际需要，选取真实自然的语言材料，而不是经过加工后的"教科书语言"。

（3）教学过程交际化。交际既是学习的目的也是学习的手段，在教学中创造接近真实交际的情景并多采用小组活动的形式，通过大量言语交际活动培养运用语言交际的能力，并把课堂交际活动与课外生活中的交际结合起来。

（4）以话语为教学的基本单位，认为语言不是存在于孤立的词语或句子中，而是存在于连贯的语篇中。

（5）单项技能训练与综合性技能训练相结合，以综合性训练为主，最后达到在交际中综合运用语言的目的。

（6）对学习者在学习过程中出现的语言错误有一定的容忍度，不影响交际的错误能不纠就不纠，尽量鼓励学习者发挥言语交际活动的主动性和积极性。

（7）交际法强调以学生为中心，强调教学要为学生的交际需要服务，以语言功能为纲，根据学以致用的原则，针对不同专业的学习者安排"专用语言"的教学。

（8）主张采用多种教学手段，不应仅仅是一本教科书，而应该是"教学包"，即教师用书、辅导读物、磁带、挂图、录像、电影、电视。

四、主要优点

交际法博采众长，从当代语言学和心理学研究的最新成果中汲取营养，受到诸如社会语言学、人类语言学、功能主义语言学、语用学、话语语言学、跨文化交际学、言语行为理论、语言变体研究直到中介语理论的影响。交际法是迄今为止影响最大、最富有生命力的外语教学法流派，对我国外语教学和对外汉语教学产生了很大的影响。

五、主要缺点

首先是功能项目问题：如何确定功能项目，确定语言功能项目的标准是什么，不同的第二语言教学需要多少语言功能范畴，如何科学地安排功能项目的教学顺序等，这些问题都没有很好地得到解决。

其次是没能处理好语法知识的教学问题：用意念功能范畴不能完全取代传统的语法知识，强调语法教学只学使用（use）、不学用法（usage），这实际上是行不通的；而培养语法意识又会影响能力的培养等。

六、开展交际法教学的必要性

1. 语言教学应以培养学生交际能力为主要目标

社会语言学认为，语言是一种交际工具，其社会功能是为各项交际活动服务。服务于社会交际活动是语言最基本的功能。人们在日常交往时，更多考虑的是说什么，很少考虑为什么这样说，往往意识到的是说话的内容，很少意识到自己言语中的语言结构（语言、词汇、语法等）。能将思想表达清楚，将事物叙述清楚，能被对方听懂和理解，能与对方进行正常交流是语言的基本功能。

心理语言学认为，语言是为了达到一定交际目的而说出的内容和所说内容的表达形式。语言教学教语言本身，而不是教有关语言的知识。语言是操这种语言的人实际所说的话，而不是某个人认为他们应该怎么说的话。教语言应将其作为一种交际工具来教，学语言应将其作为一种交际工具来学、来用。

2. 运用交际法进行外语教学是时代发展的需要

以英语学习为例，英语作为一门全球性的通用语言和国际上进行交流的主流媒体语言，在人类社会迈入信息化时代之后，其作用显得格外重要，运用英语进行交际已是一个现代人应具备的基本技能之一。尤其在我国加入 WTO 之后，培养和提高学生运用英语进行交际的实际能力，已成为一个迫在眉睫的问题。我们的许多学生经过八年或十年的英语学习，却听不懂、讲不出英语，造成这种"聋哑"英语现象的一个重要原因是传统教学忽视了对学生交际能力的培养，偏离了语言交际这一实质性原则。

七、运用交际法进行汉语教学应采用的方法

1. 了解学生

"教有法，但无定法。"交际法作为一种教学法、一种理论，要使它转化为一种教学实践，关键在于了解和掌握学生。第一，要了解和掌握学生现有的英语水平。要以学生的英语水平为依据，提供难易程度适合学生水平的学习材料，使学生吃得下、消化得了、吃得饱、吸收得好。第二，要加大来自学生一方信息量的采集力度。通过分析教学活动中学生的表现、召开学生座谈会、问卷调查等形式，多渠道、多层面、全方位地了解和掌握学生，进而有针对性地对学生进行帮助和引导，并及时调整教学内容，改进教学方法。第三，要建立一个以英语交际能力为定位的测试系统代替传统的测试体系，在真实条件下测试听、说、读、写四种技能，并将此测试体系下的测试结果作为掌握学生英语水平的重要依据。

2. 突出学生的主体地位

人的大脑先天具有掌握语言的能力。在一定的语言环境下，人们为了生存和工作，为了参加各种活动，会在潜意识中主动地模仿所处环境中的语言。记忆、运用，进而达到熟练掌握、创造运用所处环境中语言的程度。通过不断理解周围的事物，积极构建自己的世界。为此，首先，教师要注意唤醒和强化学生的主体意识，通过多种途径引导学生从被动地接受中走出来，让学生成为学习的主人。其次，要改变"师讲生听""师主生辅"的传统教学模式，尽可能减少自己的讲话时间，增加学生的说话时间，尽可能多地给学生提供生动活泼的、形式广阔的学习、实践和创造机会，让学生主动去模仿、记忆、运用和创造英语。

3. 创设情景，双向交流

语言学习的过程是一种发现语言规则并创造性地活用这些规则的过程，任何人类语言的交际活动都离不开一定的语言环境。传授语言知识、进行语言技能训练和交际活动都是在社会语言情景中实现的。语言是语音和意义结合的统一体，是客观情景的

反映和代表。如果没有情景，语言就丧失了其意义，语言就不能反映和代表什么。只有在真实具体的情景中，就像学生生活在一个以英语为母语的国家一样，才能产生语言的动机，提供语言的材料，从而促进语言的发展。因此，运用交际法进行汉语教学，首先要努力创设真实自然的社会语言情景。不仅要借助手势、动作、表情、实物、图片等直观手段或合理使用录音、投影、多媒体等现代化教学手段，为学生创设贴近教材内容的直观情景，而且要用语言的声调、节奏、情感等描述创设言语情景。其次要将教学和用英语进行交际结合起来，把生活中的交际场合搬进课堂。通过设置丰富多彩的课堂交际活动，使课堂变为一种具体的社会交往环境，使教学过程成为教师与学生之间的一个交际过程。另外，要用英语教英语，用英语下指令，把英语和要表达的事物直接联系起来，让学生直接用英语理解和记忆英语。

4. 扩充信息量

运用交际法进行教学，必须以庞大的信息量和词汇量为后盾。为此，教师应不拘泥于课本和注释，联系实际，适时地对课本内容进行有效扩充，对注释的范围实施横向和纵向扩张。另外，教师要注意收集一些与现实生活有关的，涉及社会热点和焦点问题的文章，如动物保护问题（Wild Life Conservation as Wealth），引导学生积极思维，以扩大学生的知识面，丰富学生的词汇量，为学生用英语进行交际提供词汇和信息的支持。

5. 从旁指导，营造民主、和谐的交际氛围

交际是人与人之间思想、感情和信息的交流。师生作为教与学的两个主体是平等、合作、协商的交际关系，都是认识的承担者、实践者，只是任务和角色不同而已。交际法教学提倡以学生为主体，并不意味着教师的作用降低了，只是角色发生了变化。首先，教师应充分发挥从旁指导作用，扮演示范者（demonstrator）和指导者（instructor）、组织者（manager）和协调者（facilitator）、顾问（consultant）和参与者（co-communicator）、监督者（supervisor）和评价者（evaluator）的角色，引导学生进行交际。其次，教师应本着少训斥多鼓励的原则，想方设法地诱导学生大胆练习。要引导学生突破羞涩心理，消除紧张情绪，即使学生说错了，也不要立即纠正他们的错误，更不能横加指责。要努力创设一种轻松和谐的学习氛围，使每个学生都参与课堂活动。最后，教师应当采取灵活多变的教学方式，像个高明的厨师一样，随时变更教学"菜谱"，使学生产生强烈的语言交流欲望，乐于交际，善于交流。

第七节　任务型教学法
（TASK-BASED LANGUAGE TEACHING APPROACH）

一、历史背景

任务型教学指一种以任务为核心单位来计划、组织语言教学的途径，强调"干中学"的语言教学方法。其指导者认为任务型教学是交际语言教学的逻辑发展，因为它与交际语言教学的若干原则是一致的。任务型教学法是 20 世纪 80 年代兴起的，让学习者充分参与到学习中进行实际而有意义的协商，促进学生英语实际应用能力的提高，

激发学生创造性地使用语言。

这种方法以任务组织教学，在任务的履行过程中，以参与、体验、互动、交流、合作的学习方式，充分发挥学习者自身的认知能力，调动他们已有的目的语资源，在实践中感知、认识、应用目的语，在"干中学""用中学"。任务型教学法也被我国教育部列入了我国汉语教学"英语课程标准"，很多教学一线的外语教师投入到对任务型教学法理论的实践上来。

二、基础理论

任务教学法基于苏联心理语言学家 Vygotsky（1978）等人关于语言和学习的理论。Vygotsky 强调学习的社会性以及教师和同伴对促进个人学习所起的重要作用。任务教学法是指课堂中教师和学生共同完成某些任务，使第二语言学习者自然地学习、习得语言，扩展中介语体系和促进外语学习进步。因此，任务教学法描述而非规定做事的方法，教会学生怎样在完成一系列任务时运用自己的交际能力。Willis（1996）提出了实施任务教学法的五项原则：

（1）提供有价值和真实的语言材料；

（2）运用语言；

（3）所选任务应能激发学生运用语言；

（4）适当注重某些语言形式；

（5）有时应突出注意语言形式。

根据这五项原则的要求，Willis 设计了如下教学模式：前期任务（pre—task）：介绍题目和任务（introduction to topic and task）；执行任务（task—cycle）：任务（task），计划（planning），报告（report）；注重语言形式（language focus）：分析（analysis），练习（practice）。

三、基础教学模式

首先，提供并介绍任务的意义及其重要性，激发学生积极性；其次，提供真实的语言材料和数据，以便引起学生对某些语言形式的注意；最后，通过分析材料和数据引导学生注意某些形式等活动，调动他们的注意力和积极性。执行任务期可分为三个阶段：①执行任务；②计划任务后活动；③汇报工作。任务本身给学生提供了使用和提高语言运用的流利性、精确性和复杂性的机会，为后续工作打下坚实的基础。在计划阶段，学生根据任务的执行情况，互相合作、互相学习，为汇报阶段做准备，而教师只在其中协助学生，提醒学生注意某些形式以及形式同意义的联系等。最后的汇报阶段强调语言形式和运用的准确性，还可以证实前期活动是否有效。

四、基本特点

（1）通过交流来学会交际任务型语言。教学中各项任务的完成离不开真实的交流，交流的最终目的是交际能力的提高，只有任务型练习才会给学生真正交流的机会，才能使学生真正学会运用。

（2）将具有真实性的语言材料引入学习的环境，因为真实的场景能使学生在轻松的环境中不受任何约束地真正体会语言，理解语言并大胆地运用语言，达到脱口而出的效果，而情景教学是将具有真实性的语言材料引入学习环境的有效途径。

（3）既关注语言本身，也关注学习过程。任务型语言课堂把整个教学目标设计成符合本目标的若干个任务，让学生在教师指导下完成各项任务，进而按步骤完成课堂的总体目标。学生在具体目标下完成任务的过程，既是对新知识的理解和运用，又是对旧知识的巩固和掌握。任务完成的好坏就直接体现着教学效果。

（4）具有师生角色。学生是交际者，其主要任务是沟通，具有学习的自主性，并经常进行两人或小组活动。为了使学生成为交际者，教师应扮演助学者、任务的组织者和完成任务的监督者，有时也加入活动之中成为学生的伙伴，与学生共同完成交际任务。

（5）学习者个人的经历作为课堂学习的因素。任务型语言教学追求的效果是让学习者能用自己的语言知识解决自己的实际问题，让学生自主、自发地投入到自觉的语言实践中去，以完成各项任务而体验自己的学习过程。

五、主要优点

任务型教学活动有利于学生在发展语言能力的同时，强化学习动机，提高学习兴趣，形成有效的学习策略，培养合作精神，增进对文化的理解；同时也有利于学生思维和想象能力、审美情趣和艺术感受、协作和创新精神等综合素质的发展。具体来讲，任务型教学主要有以下优点：

1. 有利于解决传统语言教学中长期存在的问题

任务型语言教学有利于解决传统语言教学中难以解决的几个关键问题，比如语言意义与语言形式之间的关系问题、语言功能与语言结构之间的关系问题。传统语言教学过于注重语言的形式，而忽视了语言的意义；强调语言的结构，而忽视了语言的功能。任务型语言教学强调学生用语言做事情，这样学生不可避免地既要关注语言形式和语言结构，更要关注语言的意义和功能。此外，任务型教学强调教学过程，力图让学生通过完成真实生活任务而参加学习过程，而让学生形成运用语言的能力。因此，任务型教学克服了以功能为基础的交际教学法不重视过程的不足。

2. 有利于优化学生的学习方式

任务型语言教学强调学生的参与、探究、归纳和合作等学习方式。学生在参与、探究、体验、归纳等学习过程中建构知识体系，发展能力，而不是单纯地从教师或书本那里接受知识。因此，任务型语言教学的思想符合基础教育课程改革总的趋势和要求。采用任务型语言教学方法，有利于学生改变过去死记硬背的学习方式，改变单纯从教师那里获得知识的学习方式，使知识与技能的学习由被动变为主动，从而从整体上优化学习方式。

3. 有利于激发学生的学习动机

现代外语教育思想强调语言素材的真实性，认为真实的语言材料不仅能够激发学生的学习动机，而且能够使学生学习和掌握具有时代色彩的真实语言，而不是过时的语言和假想的语言。任务型语言教学强调把真实的语言材料引入学习环境。在向学生提供语言输入的时候，由于考虑到真实信息问题，语言素材往往也是真实的。学生自己为完成任务而收集素材时所遇到的语言素材也肯定是真实的。

4. 有利于实现个性化学习

　　任务型语言教学既关注语言本身，也关注语言学习的过程。关注学习过程有利于学生形成自主学习能力，有利于实现个性化学习。因为任务型语言教学强调学习的过程而不是结果，所以学生可以根据自己的需要选择学习内容。此外，任务型语言教学把学习者个人的经历作为课堂学习的重要因素，试图把课堂的语言学习与社会的语言活动结合起来。

5. 有利于发展学生的自主学习能力

　　在任务型语言教学中，每个学生都以一定的角色和身份积极参与讨论、协商、探究等活动。在完成任务的过程中，每个学生都承担着一定的责任，因此有利于培养学生的责任心。此外，在完成任务的过程中，学生容易看到成就，体验成功，有利于提高学习积极性。同时，学生还能感到自我的不足，有利于激发自我完善的欲望，启动不断学习的内驱力。

第三章

二语习得

第一节　对比分析

一、对比分析法

拉多认为，在第二语言学习中，学生最难学的方面就是与他们母语最不同的地方，相同的方面或类似的方面则是学生容易掌握的方面。他认为，第一语言转移对第二语言习得既有不好的一面，也有好的一面。不好的一面就是我们常说的"负迁移"（Negative Transfer），好的一面是"正迁移"（Positive Transfer）。人们甚至一度认为，通过学习者母语和目的语的对比研究，可以预测到学习者可能遇到的所有困难，并推测学习者语言中可能发生负迁移的部分，从而将这些部分在教学中加以重点突出，达到避免或减少学习者错误的目的。据统计，学生初级阶段的大多数语音错误、半数以上的语法都来自语际干扰，有些语言表达错误也来自语际干扰。因此，利用对比分析往往能找出学生的错误根源，并发现学生学习目的语中的难点和重点。比如："visit"一词相当于汉语的"访问、参观、看望"等词，以英语为母语的学生造出"我回老家参观我爷爷"这样的句子，显然是把 visit 仅仅和"看望"这一语义挂上了钩。再比如与汉语相比，泰语的语法形式具有明显的不同特点：

（1）汉语的修饰语多在中心语之前，泰语的修饰语多在修饰语之后，如：

（汉语）修饰语 + 中心语

（泰语）中心语 + 修饰语

（2）汉语的表达习惯是从大到小，泰语的表达习惯是从小到大，如：

（汉语）今天是 2019 年 1 月 28 日。

（泰语）今天是 1 月 28 日 2019 年。

（汉语）我们在学院门口见。

（泰语）我们见在门口学院。

如果教师把外语和学生的母语进行对比，如果对这两种语言的差异十分清楚，就会清楚地了解什么是学生学习中的主要问题，并为此做好充分准备。讲解汉语的某些难点时就能做到以少驭多，一语中的。

对比分析的主要目的是帮助外语教学，解决第一语言迁移（First Language Transfer）的问题。这种方法主要从"教"的角度把目的语和母语进行对比，预测可能出现的错误，从而有意识地减少错误的发生。母语干扰并不是学生产生学习困难的唯一来源，对比分析也不可能准确预测学生的学习困难，但对比分析不仅能够揭示出学生某些错误的根源，更重要的是通过语言分析，我们能够揭示出汉语的某些特点。因此，对比分析在语言教学中的应用还是很广泛的，语音、词汇、语法、语用等都存在对比点。

二、对比分析法的作用和不足

1. 对比分析法的作用

（1）拉多的对比分析法以及他的外语学习理论对 20 世纪 60 年代的西方外语教学产生过很大的影响。他以早期行为主义的观点为基础，提出了一种语言学习理论。他认为，对语言的学习是一种习惯的形成过程，要掌握一套语法结构，就要反复不断地进行机械性练习，形成一套完整的语言习惯。当学生处于某一语言情景时，就会出现条件反射，所形成的语言习惯会在不需要任何思维的情况下自动地说出相应的句子来。按照这一理论，语言的习得是一种语言习惯积累的过程：$1+1=2+1=3+1=4$。这一理论在语言教学中的具体体现便是 20 世纪 60 年代风靡一时的句型替换练习（Pattern Drills）。

（2）应该指出的是，句型替换练习在教学的某一环节中，作为一种教学手段尚可接受，但是如果将其看成教学目的，帮助学生形成语言习惯，这在理论上是很难让人信服的。这一理论忽视了人的能动性和人类头脑的创造力。人的大脑对语言信息的吸收不仅仅是积累的过程，而且是通过对其分析进行再创造的过程。也就是说，大脑对语言信息处理的公式不是简单的 $1+1=2$，而是 $1+1>2$。

2. 对比分析法的不足

对比分析法的严重缺陷是它不以学生为出发点，通过分析学生对第二语言的实际使用来预测第二语言学习中的难易，而是抛开学生，单纯从对两种语言本身的比较来预测学习中的难易。语言习得涉及学习的主体和客体的方方面面，而对比分析却仅仅局限于语言系统的对比，忽略了学习者这一主体以及作为学习客体的学习过程，不能解释除母语的负迁移以外的其他的偏误的原因，忽视了心理学的问题，这就不可避免地造成预测的不准确，有些真正的难点，对比分析并没有预测到。后来，随着学习的深入，人们发现，第一语言与第二语言不同之处并不总是给学生造成很大困难，而两种语言近似之处则有时却是学生掌握的难点，差异不明显的部分往往是学习者最容易犯错误的地方。

第二节 偏误分析

一、对比分析与偏误分析

对比分析法理论认为：第二语言的学习过程是学习者从母语习惯向目的语习惯逐步迁移的过程。如果我们能够把所教授的目的语和学习者的母语在语音、语法、词汇等方面——进行对比分析，就能够列出母语和目的语之间的相同和不同之处。相同或相似之处是学习者容易掌握的方面，在学习中会出现正迁移；不同之处则是学习的难点、教学的重点，在学习中会出现负迁移，即学生可能会出错。

对比分析法建立在行为主义心理学和结构主义语言学的理论框架上，由此衍生的听说法在第二次世界大战及战后 20 年里成为语言教学的主流。听说法语法教学的顺序是根据学习者母语和目的语的不同，把两种语言中差别较大的结构作为重点并按其难易程度进行安排，课堂教学方法则以反复操练和句型训练为主，旨在准确。

学语言，免不了会说错、写错。对待错误，可以有不同的态度。"有则改之，无则加勉"——错误要竭力避免；"吃一堑，长一智"——错误有积极作用；"金无足赤，人无完人"——谁也免不了会犯错误。在行为主义心理学影响下，对待错误不能采取消极态度，要有错必纠，体现在听说法、直接法中，遇到学生发生错误时尽量立即纠正，让学生养成正确的语言习惯。而另外一种态度则认为，错误在语言学习中是必然会出现的，通过不停地学习，其可以自然消失，因此可采取听之任之的态度，体现在教学法中就是交际法。交际法也称意念—功能法、功能法，20 世纪 70 年代起源于西欧，创始人是英国语言学家威尔金斯，兴盛于美国。交际法的基本特征就是"以语言的功能项目"为纲，有针对性地培养学生的交际能力。它面对错误的一个原则就是：强调内容表达，不过分苛求形式，只要不影响交际，一般性的语言形式错误是可以容忍的。

所以 Johnson 说过：外语学习者的话语中，最吸引人的莫过于其中的错误。如果学习者的每句话都正确无误，我们就不知道他脑子里在想什么。但是，话语中一旦出现错误，我们就可以研究它的特点，推测出错的原因。错误可能暗含着关于外语学习过程的重要信息，这就好像是医生看病一样。对于医生来说，患者的疼痛部位（而不是其他部位）能够告诉他更多的信息——错误反映学习过程。

20 世纪五六十年代，占统治地位的语言学习理论是对比分析假说。20 世纪 60 年代末 70 年代初，随着认识的深入，研究者发现，用迁移理论不能解释学习者的全部错误，这样，人们逐渐对对比分析失去热情。更重要的是，对比分析的理论基础（行为主义心理学）也受到了很多批评。乔姆斯基不断提醒人们，语言能力是人区别于动物的主要标志，语言运用是一个由规则支配的、创造性的过程，刺激—反应理论无法解释语言学习和语言运用的全部。研究者们认为，第二语言习得也是一个创造性的过程，在此基础上，逐渐形成了一种新的语言学习理论，就是偏误分析。

Corder 在 1971 年提出的偏误分析理论，奠定了最初的第二语言习得研究的理论基础与研究方法。偏误指学习者在过渡性语言能力下所出现的语言错误，反映了学习者中介语所处的状态。偏误为第二语言习得研究提供了一个窗口，从中我们可以描述、解释中介语的语言现象，学习者的认知机制和在不同阶段的学习过程。偏误分析是对学习者在第二语言习得过程中所产生的规律性错误进行系统分析，研究其来源，揭示学习者的中介与体系，从而了解第二语言习得的过程与规律。

偏误分析法的心理学基础是认知理论，语言学基础是 Chomsky 的普遍语法理论：将二语习得过程看做规则形成的过程，学习者不断从目标语的输入中尝试对目标语规则做出假设，并进行检验与修正，逐渐向目标语规则体系靠近。

二、偏误分析法的发展过程

（1）20 世纪 60 年代末：外语学习者的语言错误引起学者关注。

（2）20 世纪 70 年代：偏误分析的鼎盛时期。

三、偏误分析的步骤

偏误分析的步骤：

（1）语料收集和选择。

（2）偏误辨识。偏误：反映出学生的语言知识和能力不足；失误：偶然性、非系统性；显性偏误：在形式上违反句法规则；隐性偏误：从一个句子内部看可能没有语法毛病，但放在上下文或语境里就有问题了。

（3）纠偏。

（4）分类描述：

①他把书放在桌子。（遗漏）

②国庆假期他再去了许多地方旅游。（误代）

③语言的使用，促进了人类的思维，使得大脑更加发达。（遗漏）

④我们班有十五个学生们。（误加）

⑤佐藤明天回国，关于田中，我就不知道了。（误代）

⑥开始学汉语的时我觉得很难。（杂糅）

⑦他的见解独到而深刻，常应邀到许多高校演讲，深受学生欢迎。（遗漏）

⑧不但他不接受批评，还要继续违反纪律。（错位）

⑨那件事被我忘了。（误加）

⑩请你等我二分钟。（误代）

⑪在年降雨量少于 500 毫米的地区不能种树，但只能种草。（杂糅）

⑫在景色优美的园林中散步，有助于消除长时间工作带来的紧张和疲乏，并且脑力、体力得到恢复。（遗漏）

（5）探源。

（6）评估。

四、偏误类别

偏误类别有：

（1）语际偏误（略）。

（2）语内偏误：

①替代：词与词之间，在音、形、义、语法功能等某方面存在着相同或相似之处，它们之间的确有可替换的一面，但更多情况下是不可替换的。有些学生没有时刻注意这一点，而出现下列替代性偏误：

例 1. 他的口很大。（书面—口语）

例 2. 他们把喜讯散布出去。（色彩）

例 3. 那个画家喜欢在农村度假期。（音节数）

②类推：类推是成年人学习外语时常用的方法。他们利用自己善于抽象思维的优势，在没有完全理解或掌握某一规则的情况下，利用类比、累加、叠加等方式生硬组合，造出一些偏误句来，例如：泰德全星期都很着急；我朋友是德国的人。

③回避：当学生对一个语法现象不熟悉或没有把握时，会采取一种消极的回避态度。

④简化：当学生遇到难句、长句时，常以简化形式处理难点。例如：她生气，她走了；他气得没有话说。

⑤诱发：学生练习中出现的许多偏误是由于教材或教学诱发造成的。例如：他已经三天没吃没喝。

我们的教材中一般解释"语气助词'了'表示肯定某件事已经发生，其否定形式是在动词前面加上'没有'，句尾不能用'了'"，给人的印象是"了"不能与"没有"用在同一个句子里。事实上，要表示"到说话时某种情况已经持续多长时间了"是可以用"时间状语+没+V+了"这样的句型的。

五、各类偏误在各阶段出现的情况分析

语音偏误：大多数出现在初级阶段。

词汇偏误：大多数出现在中级阶段，贯穿整个学习过程。

语法偏误：大多数出现在初、中级阶段，高级阶段出现僵化现象。

汉字偏误：汉字圈国家容易受母语干扰。

六、偏误分析在对外汉语教学中的作用及局限

1. 作用

（1）它是第二语言习得研究的真正起点，是第一个关注学习者语言系统的研究方法。

（2）它为偏误不止由母语负迁移造成的理论提供了依据。

（3）它深化了汉语习得研究，促进了对外汉语教学，推动了汉语本体研究，从外国人、外族人的角度看汉语。

2. 局限

（1）偏误材料多从测试中取得，不能准确反映学习者的学习情况。

（2）只考虑学习者的偏误而忽略其正确部分。另外，如果学习者采取回避策略，所收集的数据就无法反映其真实情况。

（3）纵向研究少，不能了解习得过程的全貌。

（4）很难采集被学习者回避的语言项目的使用情况。

第三节　中介语理论

一、中介语理论的产生

20 世纪 50 年代，对比分析在语言教学和研究领域一统天下，但对比分析试图用简单的语言学方法来解决复杂的心理学问题，它站在"教学中心"而非"学习中心"的立场上，忽略了学习者作为语言学习的主体这一基本事实，同时也忽略了学习者的学习过程。由于此种原因，对比分析在 20 世纪 60 年代不可避免地走入了困境。

1967 年，Corder 发表了一篇题为《学习者偏误的意义》的文章，将人们的注意力引到了学习者身上。Corder 主张从学习者的偏误入手观察学习者的语言系统，将学习者的语言系统和目的语语言系统进行对比，从心理语言学、社会语言学、篇章分析等角度出发，在更广阔的范围内解释学习者产生偏误的原因，而不仅仅局限于从母语和目的语两种语言系统的差异中寻找解释。自此，偏误分析理论正式诞生并有力地推动了第二语言习得的研究，但它仍然存在着自身难以回避的缺陷：偏误分析将注意力集中在学习者的偏误上，而不顾及学习者正确的方面，仅通过观察到的偏误来分析学习者的语言系统从而往往以偏概全。在这样的情况下，Selinker（1972）、Corder（1967、1971）、Nemser（1967、1971）三位学者先后提出了大致相似的理论，他们的观点共同构成了早期中介语理论。

二、中介语理论的概念

"中介语"这一概念最早由 Selinker 提出，其中最重要的两个方面是：第一，"学习者可以观察到的语言输出是高度结构化的"；第二，"中介语必须作为一个系统而不是一个孤立的错误的集合来看待"。由此，中介语的定义可概括为以下三点：

首先，中介语是可以观察到的语言输出。Selinker 倾向于把中介语看成一种语言的产出而非过程，也就是说，他所指的"中介语"是人们可以实际观察到的学习者的言语行为和表达。

其次，中介语是高度结构化的。也就是说，中介语的内在结构具有高度系统性，这种结构的系统性表现为学习者的言语行为是建立在其已有的规则基础上的，因而是可以分析和预测的。

最后，中介语是独立的语言系统。它和其他任何自然语言一样，自成体系，其系统既不同于母语也不同于目的语，因而是一个独立的语言系统。

三、早期的中介语理论研究

Selinker、Corder、Nemser 三位学者的观点共同构成了早期中介语理论的主体，但他们各自主张的侧重却是各有不同的。

Selinker 对中介语产生的心理机制进行了阐述。他认为大部分成年二语学习者是依靠一种普通的认知结构即潜在的心理结构来学习第二语言的，只有少数成年学习者能激活一种潜在的语言结构。而只有激活潜在的语言机构才能像儿童学习母语一样把普遍语法转化成目的语法，从而达到母语使用者的水平。这就解释了为什么在习得第二语言时，只有少数人能够完全成功。与之相反，另一部分激活了潜在心理结构的学习者将走向僵化，无法成功习得第二语言。所谓"僵化"是存在于潜在心理结构中的一种机制，表现为学习者会在目的语习得的某个阶段上停滞不前，无论学习者年龄大小、是否继续学习，都将难以进步。至于这种"潜在心理结构"到底是什么，Selinker 用语言迁移、由训练造成的负迁移、目的语语言材料泛化、第二语言学习策略以及第二语言交际策略五个过程对其进行了描述，事实上也就为解释第二语言学习者语言系统提供了一个心理语言学的理论框架。

Corder 将学习者的语言系统称为"过渡能力"系统。所谓"过渡能力"，指的是学习者现实的心理规则系统，并且这种规则系统是处于逐渐变化之中的。学习者对接触到的目的语语言材料进行处理，从而建立起一个"过渡系统"，其中便包含着对目的语规则系统进行的一系列假设，然后将学习过程中接触到的新的目的语语言材料和原有的假设进行对比，当两者不一致时，学习者会自动调整"过渡系统"，使其不断更新。但有时候新的语言材料和原有假设已经出现不一致，学习者却无法及时修正"过渡系统"，这在语言产出上表现为某一偏误长期得不到纠正或者某个语法点经过长期教学仍不能被成功习得。对此，Corder 认为存在一种控制学习者学习目的语规则的程序化序列，它控制着目的语的学习过程。Corder 将这种程序化序列称为"内在大纲"，并指出学习者在什么时候学会哪一项规则并不是由教学大纲决定的，而是由其"内在大纲"决定的，只有当教学大纲与"内在大纲"吻合时，教学才会有效。也就是说，只有当外界环境输入给学习者的语言材料与学习者的"内在大纲"吻合时，学习者才能将其真正吸收。

Nemser 采用"近似系统"的概念来描述学习者的语言系统，这一概念指的是学习者在试图使用目的语时实际运用的偏离的语言系统。"近似系统"的具体含义有三层：第一，"近似系统"是不同于源语言系统和目的语系统的，即学习者的语言系统是一个独立的系统。第二，"近似系统"是以目的语为参照而不断变化的。在学习者不断地对目的语输入进行加工的基础上，其近似系统也越来越远离源语言系统而向目的语系统靠拢，最后达到重合。在这个过程中，母语充当了一个干扰源的角色，它阻碍着学习者的语言系统向目的语系统靠近。第三，"近似系统"是一个不断演化的动态发展系统，造成这种动态性的原因是目的语和母语的差异以及学习者对目的语由少到多的接触过程。同时，Nemser 也指出了"稳定的中介系统"的存在，这一说法与 Selinker 的"僵化"现象不谋而合。这种僵化现象主要表现在相同母语背景下的学习者在理解和生成目的语时所产生的带有固定模式的错误。Nemser 认为有效的教学能够预防或者推迟僵化的出现。

第四节　学习者个体差异的五个主要因素

一、年龄

1. 年龄研究的成果

对于年龄与二语习得的关系至目前为止的研究结果，蒋剑云和戴运财曾归纳如下：

（1）成年人在最初的习得速度上存在优势，特别是在句法方面。但是如果儿童学习者获得了足够的二语接触，最终会超过成人学习者。

（2）在正式的语言学习环境中，只有儿童学习者能习得本族语的语音，但只有儿童接受大量的第二语言接触，他们才能获得本族语的口音。

（3）儿童更有可能获得本族语的语法能力，语法习得的关键期（大约 15 周岁之前）可能迟于发音的关键期。某些成人学习者也能够成功地获得说和写的语法准确性，达到本族语使用者的程度，甚至获得完全的语言能力。

（4）不管是否能够达到本族语使用者的熟练程度，儿童在发音和语法方面习得的最终水平都要高于成年人。

（5）习得第二语言语法的过程受年龄的影响不大，但语音习得的过程可能受到年龄很大的影响。

2. 对年龄在二语习得中的作用的解释

Larsen、Freeman 等认为，虽然对年龄在二语习得中所起作用的解释存在差异，但至少有四种主要的解释是一致的：

（1）社会心理上的解释。成人与儿童之间存在心理上的差异，例如成人可能更加压抑，他们可能在某种程度上抵制社会化，而这恰恰是儿童学习另外一种语言的最终目的和结果。

（2）认知上的解释。Krashen 认为，认知的发展对二语习得有否定的影响。儿童和成人的二语习得可能涉及不同的过程，前者使用语言习得机制，如同习得第一语言一样习得第二语言，而后者使用一般的问题解决能力。成人的抽象思维能力可能非常有利于成人解决抽象问题，但他们不能使用语言习得机制来习得第二语言。

（3）输入上的解释。儿童学习者比成人学习者收到更易于理解的输入，这将为他们学习句法提供更好的素材，另外儿童学习者也更善于利用与本族语同年人交流的机会，通过这些交流，他们能进行语音上的练习。

（4）神经上的解释。首先，大脑的两半球在青春期变得功能专门化，即大脑侧化，而在关键期之前，大脑更加有弹性，如果大脑的一侧功能受到损伤，该功能可能转移至大脑的另一侧；其次，二语习得的能力随着神经弹性的丧失而衰退，所以儿童学习者在神经功能上有更大的弹性。

二、融入型/工具型动机

1. 融入型/工具型动机研究的成果

Gardner 与 Lambert 研究发现，法语作为第二语言的水平提高既有赖于学习者的语言学习能力，也取决于学习者对另一个集团是否有融入的倾向。如果出现了融入的动机，它就会使学习者明显地保持一种强烈的学习另一种语言的动机。继之之后，Gardner 与 Lambert 证实并扩大了这些成果，虽然语言学习能力对法语语言能力（如语法能力）的获得至关重要，但在交际中主动要求使用的语言技能（如发音准确性、听力）则主要取决于学习法语融入动机的强弱——在这种情况下，语言学习能力的高低是不重要的。

2. 融入型/工具型动机研究中存在的问题

（1）融入型动机和工具型动机的定义和分类存在着一定的模糊性，有时很难在两者之间做出明确的划分，如"学习法语是为了去法国旅游"是工具型动机，也可认为是融入型动机。

（2）Gardner 和 Lambert 对动机的研究结果具有地方性，它只适应于加拿大等双语国家或地区，在世界其他地方很难成立。动机对二语习得的影响，在很大程度上取决于学习环境。

（3）对动机的测量不是一件容易的事。研究者一般用调查表调查动机，但对有些动机和态度问题很难做出准确回答；而且，自陈量表很难准确反映动机的强度，它只调查了学习者的学习目的；此外，回答者可能考虑到面子等问题，倾向于选择有利于自己的回答，或为社会普遍接受的答案。

（4）对于动机和二语习得效果的因果关系也难以确定。虽然 Gardner 等认为强烈的融入动机能提高第二语言的学习成绩，但 Ellis 则认为，动机强并不一定是学习效果好差的原因，而是学习的结果，因为学习者取得好成绩而提高了学习兴趣，进而增强了学习动机。

三、语言学能

1. 语言学能研究的成果

语言学能是一般智力中负责语言学习的一个特殊部分，由几个相互独立的能力构成，其中最主要的是：①语音编码能力；②语法敏感性；③归纳能力；④机械记忆能力。Carroll 认为，语言学能不仅在人的一生中相对稳定，而且很难以任何具体的方式改变，所以训练和实践不能提高一个人的语言学能。他还认为语言学能不同于智力，甚至不同于语言智力，因为他在调查中发现，语言学能与外语学习的成绩相关程度和智力等其他因素与外语学习成绩的相关程度并不一致。

Carroll 还认为，语言学能不是二语习得的先决条件，但作为一种能力，语言学能可以帮助提高二语习得的速度和降低学习的难度。

2. 语言学能研究中的问题与发展趋势

（1）虽然语言学能测试被期望能够测量出所预期的内容，但语言学能测试中的各部分任务的测试效度并不一致，如《现代语言学能测试》中拼写线索一项在很大程度上取决于社会和地区方言。语言学能不仅与社会阶层以及父母的教育密切相关，而且还与外语水平有相当高的相关。

（2）尽管语言学能测试能成功预测外语学习的结果，但仍有人认为现代语言学能测试无法测量语言习得的天生能力，因为语言习得水平的确定超越了以语法和声音系统为测试基础的语言学能测试。

（3）Skehan 也认为，在语言学能研究中需要重新审视目前的语言学能概念，语言学能中的四种能力需要吸收其他学科的研究成果来重新修订；此外，语言学能测试的视角应更宽广，测试内容应包含语言学习和语言表现，应能反映出交际能力模式中的内容，如话语能力、社会语言学能力、策略能力，而不仅仅是简单的语言能力。

（4）语言学能是二语习得中一个重要的认知变量，但语言学习者的情感变量也是解释语言学习效果的重要因素。在外语学习中，一些情感因素如毅力、自我形象等起着非常重要的作用。王初明教授认为，在迄今所发现的众多影响外语学习成效的因素当中，最主要的因素有两个：一是情感，一是母语。Oxford 则认为，语言学能与学习方式、学习策略之间存在重要的联系，因此语言学能研究还应与其他变量相结合来进行。

四、场独立/依靠的认知方式

1. 场独立/依靠认知方式研究的成果

（1）场独立的学生在正式语言学习环境下学得更好，场依靠的学生在非正式语言学习环境下学得更好。这个假设没有得到广泛的支持。一般情况下，场独立的学习者在正式语言学习环境下学得更好，Hansen、Jamieson 等的研究都证实了这一点。导致这种结果的一个主要原因可能是场独立的一个组成部分是一种认知重构能力，而这种能力与语言学能相重叠，因此在二语习得过程中它有助于语言结构的分析。

（2）场依靠的学习者与他人交流得更多，这将有助于二语习得。但到目前为止，该假设没有得到有力的证实。这主要是因为目前的所有调查都是场独立调查，而场依靠的语言交际和语用能力没有得到调查，这也反映了场独立/依靠研究中存在的一个主要问题。

（3）有调查表明，场独立和场依靠的学习者都能学好第二语言。对于这种情况，可能是因为与场独立相联系的认知重构能力虽然有助于初学者从初级水平向中级水平前进，但是一旦这种界限被突破，场依靠的特性在拓宽学习者根据不同的环境应用语法知识的能力方面可能起着重要的作用。

2. 场独立/依靠研究的新方法

在场独立/依靠的本质基础上，吸收学能研究的优势，我们需要采用一种新的模型来划分场独立/依靠的结构。在这种新模型中，一维的场独立/依靠被划分为二维的场独立和场依靠，而每一维又被分为对立的两部分，即场独立和非场独立、场依靠和非场依靠。根据这种结构划分，场独立和场依靠之间存在弹性的维度，它允许一些学习者在场独立、场依靠方面比较固定，这些学习者可能在一方面较强而另一方面较弱；同时也允许另一些学习者在这两方面比较灵活，他们能运用两种认知方式。在二语习得中，认为学习者要么是场独立的，要么是场依靠的的观点是不客观的，因为很可能学习者有总的倾向，但在特定的语境下，他们能适当调整自身认知方式并对两种认知方式进行灵活运用。在此基础上，我们还要研究认知方式的调整情况。此外，还要考虑测量学习者的场依靠，找出场依靠与二语习得的关系。

五、内向/外向的性格

1. 内向/外向性格研究的成果

对于内向/外向性格与二语习得的关系，目前的研究主要有两种观点：

（1）普遍认可的观点是外向性格的学习者在获取人际交往技能方面表现更好。因为与外向性格有关的特征如健谈、善于做出反应、喜欢群体活动等能促进学习者与别人进行更多的交流，因而能帮助他们获得更多的语言输入，同样也有利于学习者获取更多的机会来使用语言。这些都有助于语言习得的发展。

（2）第二种观点是内向性格的学习者在发展认知学术语言能力方面做得更好。内向性格的学习者更可能在学术上取得成功，原因是他们在读和写方面可能花费更多的时间。Entwistle 和 Wilson 认为内向性格的学习者更能有效地对各种学习材料进行编码使其进入长时记忆。

2. 内向/外向性格研究的发展趋势

（1）内向/外向性格研究应注意其他有关因素。Wankowski 在研究中，结合年龄因素来调查内向/外向性格与二语习得的关系，结果发现，在青春期以前，外向性格有利于语言习得，而在青春期之后，内向性格的学习者更容易取得成功。

（2）内向/外向性格研究应注意在不同的教学环境下进行，重点调查在正式教学环境中与非正式教学环境中学习者使用语言进行交流的情况，通过研究不同性格学习者的语言交流与二语习得的关系来了解性格的作用。

（3）对性格的结构内容应重新界定。Eysenck 的内向/外向性格测量隐含有两种品质特征：社会性和冲动性。在二语习得中，人们可能发现社会性与二语习得有某种潜在的关系而冲动性未必如此，所以二语习得中的性格研究应结合语言习得的特点来进行深入分析而不是全盘采用心理学的概念和内容。

（4）到目前为止，个体差异研究并没有识别和解释个体差异因素之间的相对影响力或者说它们的相互作用力。Gardner 的研究表明学能与学习动机是两个独立的因素，两者对二语习得的水平都有重要的影响力。但是对许多其他的个体差异因素，尤其是认知方式和性格，研究的结果并不明确，所以对这些个体差异因素的相互作用情况的认识，在目前仍缺乏有力的证明。

第五节　学习理论与假说

外语学习理论是探讨外语学习普遍性和规律性的研究，行为主义的学习观、认知主义的习得理论、克拉申的二语习得学说等属于这类研究。

一、行为主义的学习理论

行为主义产生于 20 世纪 20 年代，华生（J. B. Watson）是早期的代表人物。华生研究动物和人的心理。华生认为人和动物的行为有一个共同的因素，即刺激和反应。心理学只关心外部刺激怎样决定某种反应。在华生看来，动物和人的一切复杂行为都是在环境的影响下由学习而获得的。他提出了行为主义心理学的公式刺激—反应（S-R, Stimulus-Response）。结构主义大师布洛姆菲尔德（L. Bloomfield）以行为主义的"刺激—反应"模式作为其理论依据，他以 Jack 让 Jill 摘苹果说明 S-R 语言行为模式：

Jill´s hunger　　　　　（S）

"I´m hungry"　　　　　（r）

Jack´s hearing　　　　　（s）

Jack´s action　　　　　（R）

布洛姆菲尔德重视作为声音 r、s 言语行为的研究，他认为 r、s 是物理的声波，从而得出语言教学过程的理论，即在语言教学中教师对学生进行声音刺激，学生对声音刺激进行反应。

斯金纳（B. F. Skinner）继承和发展了华生的行为主义。斯金纳认为人们的言语、言语的每一部分都是由于某种刺激的存在而产生的。这里讲的"某种刺激"可能是言语的刺激，也可能是外部的刺激或是内部的刺激。一个人在口渴时会讲出"I would like a glass of water"。

斯金纳认为，人的言语行为通过各种强化手段而获得。在某一语言环境中，别人的声音、手势、表情和动作等都可以成为强化的手段。由于言语行为不断得到强化，孩子们就能逐渐地养成语言习惯，学会使用与其语言社区相适应的语言形式。如果没有强化，语言习惯就不能形成，语言就不能被学习到。

行为主义习惯形成的学习模式：Stimulus（刺激）→Organism（组织）→Response Behavior（反应习惯）。行为主义的学习理论有其明显的局限性。行为主义把研究动物所获得的结论，无保留地运用到复杂的人类行为的研究上，做出粗略和肤浅的见解。它强调环境因素和外部因素是决定有机体行为的最重要因素，必然要忽视人在言语行为中的主动作用和独立作用。它不能解释为什么一个四五岁的孩子就能掌握某一种结构复杂的语言。

二、认知主义的习得理论

乔姆斯基（Norm Chomsky）是认知主义习得理论的代表人物之一。他认为，任何发育正常的儿童都能在短短几年内获得母语使用能力，对这个事实，行为主义学习理论是解释不了的。儿童是不可能根据他们听到的数量有限的句子，通过归纳、推理和抽象概括而习得母语语法和学会使用母语的。乔氏认为，人类有一个与生俱来的根植于大脑里的所谓语言习得机制（Language Acquisition Device，LAD）或普遍语法（Universal Grammar，UG）。按乔氏理论，外部环境和语言输入只有"激活"语言习得机制的作用。

认知主义习得理论强调的是人脑中的内在因素，而不是习得的外部环境和语言输入。对于普遍语法是否在第二语言习得过程中起作用的问题，学者们有不同的观点。

三、克拉申第二语言习得理论

克拉申（D. Krashen）的理论常被称为监察模式（Monitor Model）。监察模式由五个假设组成，即习得—学得假设、自然顺序假设、监察假设、输入假设和情感过滤假设。

1. 习得—学得假设（The Acquisition-Learning Hypothesis）

这一假设认为，成人是通过两条截然不同的途径逐步掌握第二语言的。第一条途径是"语言习得"，这一过程类似于儿童母语能力发展的过程，是一种无意识地、自然而然地学习第二语言的过程。第二条途径是"语言学习"，即通过听教师讲解语言现象和语法规则，并辅之以有意识的练习、记忆等活动，达到对所学语言的了解和对其语法概念的掌握。习得的结果是潜意识的语言能力，而学得的结果是对语言结构有意识的掌握。该假设认为，成年人并未失去儿童学语言的能力。克拉申甚至认为，如果给予非常理想的条件，成人掌握语言的能力还要比儿童强些。他同时还认为，别人在旁帮你纠正错误，对你的语言掌握是没有什么帮助的。这一点值得中国同学注意。

2. 自然顺序假设（The Natural Order Hypothesis）

这一假设认为，无论儿童还是成人，语法结构的习得实际上是按可以预测的一定顺序进行的。也就是说，有些语法结构先习得，另一些语法结构后习得。克拉申指出，自然顺序假设并不要求人们按这种顺序来制定教学大纲。实际上，如果我们的目的是要习得某种语言能力的话，那么就有理由不按任何语法顺序来教学。初学时的语法错误是很难避免的，也是没有必要太介意的。

3. 监察假设（The Monitor Hypothesis）

一般来说，下意识的语言习得是使我们说话流利的原因，而理性的语言学习只起监察或"编辑"的作用。换句话说，当我们开口说话时，话语由"习得"系统产生，经"学得"系统监察后成为"真言"而吐露出口。语言学习的这种监察功能可能在我们说话或写作之前，也可能在其后。在口头交谈中，人们往往没有时间去考虑斟酌语法。语法规则如果不是习得而是背出来的，也用不上。但在事先准备的正式发言和写作中，语法的使用能提高语言的准确性，为演讲或文章增添色彩。这一条可以说是克拉申对语法知识的用处做出的最大让步。

4. 输入假设（The Input Hypothesis）

输入假设也是克拉申第二语言习得理论的核心部分。只有当习得者接触到"可理解的语言输入"（comprehensible input）即略高于他现有语言技能水平的第二语言输入，而他又能把注意力集中于对意义的理解而不是对形式的理解时，才能产生习得。如果你的现有水平为"i"，那么就要给你提供"i+1"水平的输入。这种"i+1"的输入并不需要人们故意地去提供，只要习得者能有足够的能力来理解输入时，就自动地提供了。克拉申认为，理解输入语言的编码信息是语言习得的必要条件，不可理解的（incomprehensible）输入只是一种噪音。按照输入假设，说话的流利程度是自然达到的，是不能直接教会的。对输入假设的理解关键点就是 comprehensible input "i+1"。"i+1"就是在自己现有水平上加了一点点难度，换句话说，学习者正是因为有了这一点点难度才得以提高的。另外有一个非常重要的"沉默期"（Silent period）的概念，就是在这个假设里引入的。克拉申认为，无论是成人还是儿童，在掌握说话能力前，都会有一个相当长的沉默期，直到听懂的量达到一定程度而有足够的自信时，才可能说话。这一沉默期是正常的，同时也是必要的。所以大家不要急着上来就想说，说的能力要来得慢些，同时它是自然到来的。

5. 情感过滤假设（The Affective Filter Hypothesis）

克拉申提出情感过滤假设来说明心理或情感因素对外语学习的影响。情感过滤假设认为，有了大量的适合的输入环境并不等于学生就可以学好目的语了，情感因素起着促进或阻碍的作用，心理上的因素影响着他习得语言的速度和质量。这些因素是：①动机（Motivation）。学生的学习目的是否明确，直接影响他们的学习效果。②自信心（Self-confidence）。比较自信、性格外向、乐于把自己置于不熟习的环境的学生通过几年"浸泡"，获得的语言输入并不是有限的，但他们并没能获得如本族语者那样的语言能力。他认为，造成这样的结果的原因不是学生获得的语言输入有限，而是他们的语言输出活动不足。他认为有的学生没有被给予足够的机会在课堂环境中使用语言。③忧虑程度（Anxiety）。在第二语言或外语的学习中，焦虑较少的人容易得到更多的语言输入。同样，心情放松和感觉良好的学生在较短的时间内显然学得更好。这一假设有点偏语言教学经验谈，它的重要性也常被忽视。后来人们通过实验发现，人在试图说外语而又说不出来时因焦虑而在脑部产生的电流，可以电死一只老鼠，可见学外语时的焦虑程度之高。

四、斯温纳（M. Swain）的语言"输出假设"（Output Hypothesis）

克拉申认为可理解的输入在第二语言习得中起着中心作用（Central Role），而斯温纳则认为输出在第二语言习得中有着显著的作用（A More Prominent Role）。斯温纳假设的依据是"浸泡式"（Immersion）教学实验。

由于语言输出活动能帮助学习者提高其使用语言的流利程度，学习者能意识到自己在使用语言时存在的问题，学习者便能有更多机会来验证自己提出的假设，以语言对假设进行反思，因此，从认知的角度来看，语言输出对外语习得是必需的。在外语教学中恰当地安排适当的语言输出活动能促进语言学习。不论在教学上还是在教材编写方面，要设计多种交际性的语言输出活动，以促进学生语言产生能力的培养。

第四章

语法教学

语法教学一直处于第二语言教学的中心地位。掌握语法规则有利于对语言的理解和运用。同时我们也应该认识到，虽然语法的确很重要，但也不是凌驾于一切之上的。语言教学中的语法教学是为了让学生通过语法规则理解目的语本身，并运用语法规则在交际中正确地进行表达。因此，我们认为，语法教学应当对语法规则点到为止，精练的讲解辅之以具有针对性的、合理有效的操练，并且接触大量真实的语言材料，培养语感，直至学生养成对语法规则的一种习惯，最终达到自觉运用的目的。

第一节 语法教学的原则

一、实践性原则

语言是人类最重要的交际工具，交际功能是语言最基本的功能。任何一个人学习任何一种语言，基本上都是为了使用它，所以任何一种外语教学都要以培养交际能力为首要原则。对外汉语语法教学的目的则完全是指导学生运用语法规则去表情达意，完成一定的交际任务。因此，语法教学不是教句子的语法而是教句子的意义和用法。如果不明确这一原则，语法教学的方向就会出现偏差。

二、对比原则

通过语言对比突出语法的重点和难点。对外汉语语法教学的一大特点是学习者会受到其第一语言迁移作用的影响。作为第二语言的汉语对所有学习者都有共同的难点，对不同母语背景的学习者而言又有特殊的难点。因此，语法教学要有针对性。如以英语为母语的学习者的语法难点有：形容词谓语句、无标记被动句、"把"字句、量词的用法、"着、了、过"的用法等。

在教学中，对比主要从以下方面展开：汉语与汉语相近现象的对比、汉语与母语某相对形式的对比、汉语正确形式与错误形式的比较等。将对比、比较贯穿在教学的始终，教师根据自己掌握的学生的中介语系统情况和负迁移规律，以及学生的母语、汉语水平，把学生可能出现的问题尽可能都想到，通过对比、比较把问题讲清楚，以最大可能地减少负迁移和偏误率。

三、偏误分析原则

偏误现象属于学习者语言系统中的一个组成部分，是学习者积极地对语言体系进行判断、对语言材料进行归纳并试图使之规范的创造语言过程。所以，在语法教学中，要充分利用负面证据的激活作用，按规律、成系统地解决学习中的偏误问题。

偏误分析可以分为以下几步：第一步是层层分类，即对经筛选确立下来的每个偏误项目的所有实例进行再分类，力求准确揭示偏误的实质。第二步是描写，即对所分出来的类在意义上和结构上的共同点进行抽象并一一列举出来，以便明确某个语义内容是通过什么结构形式表达出来的。第三步是正误对比，这也是分类的直接目的，即找出该语义内容在汉语里应该具备的结构规则。偏误分析是对外汉语语法教学中贯穿始终的环节，具有重要价值。

四、句法、语义、语用相结合的原则

语法教学不能局限于结构形式，要与语义、语用和功能的教学结合起来。如以一定的话题或功能为中心，组织相关的语法点和词汇构成一个单元或系列。这些孤立的、纯结构形式的语法点就可以完成一定的交际任务。

在过去相当长的一段时间内，对外汉语的语法教学只是把汉语当成一个独立的语言系统来看待，因而在以往的教学中只注意语言知识的讲授、句子的静态分析和句型的操练，很少关注与句法相关的其他问题。比如，如何通过语言形式去理解交际中表达的特定意义，如感情意义、隐含意义、联想意义等。因此，学生常常造出完全合乎语法规则，却不合乎汉语的语言表达习惯、不合乎情理、不合乎中国人的文化心理、不符合身份、不合时宜的句子，比如"爸爸长得跟我一样"。由此可见，将句法、语义、语用三方面结合起来进行教学是非常有必要的。

五、讲练结合原则

语法教学不是要解决能不能懂的问题，而是要解决会不会用的问题。因此，语法教学应精讲多练，以练习为主。语法不是讲会的，而是练会的。对语法知识要进行必要的解释、总结，让学生了解语法规则。但语法知识的讲解要少而精，避免使用大量的名词术语。更重要的是通过练习掌握这些规则。语法课上要体现以练习为主的原则。练习（包括听、说和读、写）应贯穿于感知、理解、巩固和运用的全过程，贯穿于课堂教学的每个环节。

对于对外汉语教学的语法课来说，教师的作用是辅助性的，对语法的讲解应该抓住关键点来讲，讲对学生最直接有用的东西，同时又要富有启发性，调动学生积极参与教学活动而不是被动地接受。多练是指从不同侧面、不同角度、不同层次通过练习掌握和巩固所学的东西，或者把所学的东西在设计的语境中进行实际操练，以达到会用的目的。练习的设计还要有针对性，能体现所讲的法则、规律，能让学生通过实例感受所讲的那些应该怎样和不应该怎样，练习才能取得成效。多练习还是一个重要的反馈环节。练习中，教师对于正确的表达及时给予肯定，使之及时得到强化，从而形

成长时记忆；对错误的不适当的表达及时给予否定、纠正或偏误分析，可以避免、减少错误知识的形成，并加强正确理解。

第二节 语法教学的方法

一、归纳法

归纳法是由特殊到一般的推理，应用到对外汉语的语法教学中就是先举出一些例子，再总结语法规则。教学中，让学习者先接触具体的语言材料、进行大量的练习，然后在老师的启发下总结出语法规则，再运用这些规则进一步练习。这种方法符合人的认识规律，突出了大量的练习实践，调动了学习者的主动性，有利于培养学习者的分析能力、观察能力。直接法、听说法以及交际法都提倡用归纳法。对不太难的语法点，这种方法有很大的优越性。

比如用归纳法讲存现句：

第一步，先举例子：

（1）桌子上有一本书。

（2）教室里有桌子和椅子。

（3）墙上挂着一幅画。

（4）天上飘着一朵云。

（5）大树后走出来一个人。

第二步，从上面五个句子总结，存现句的基本结构可以表示为：处所词/时间词+存现动词+宾语。

当然，归纳法也有它的缺点，那就是，如果使用不当，也会浪费时间或出现盲目练习的现象。

二、演绎法

演绎法是由一般性的原理，推出特殊性的结论，应用到语法教学当中，就是先给出语法规则，再举出例子说明。具体就是，在教学中，先讲清语法规则，使学习者对语法结构有清楚的了解，然后在语法规则的指导下进行练习，通过实践学会运用语法规则，由抽象到具体、由理论到实践。这种方法适用于比较复杂的语法规则，适合成年人学习第二语言，是认知教学法流派一直提倡的方法，对一些较难语法点的学习效果尤其好。

比如，用演绎法讲存现句：

第一步先给存现句下定义：存现句是表示某处存在或出现或消失某人或物的句子。存现句的形式是：处所词/时间词+动词+人/物（动词是表示存在、出现、消失的动词）。

第二步举例子：

A：

a. 桌子上有一本书。

b. 墙上挂着一幅画。

B:

a. 天边飘来一朵云。

b. 大路上走来三个小学生。

C:

a. 昨天村里丢了一头牛。

b. 树上飞走了一只小鸟。

第三步说明：A 组句子表示存在，B 组句子表示出现，C 组句子表示消失，这样的句子就叫存现句。

当然，演绎法也有其缺点，就是容易流于灌输式教学，不利于发挥学习者的积极性。

三、演绎与归纳相结合

先采用演绎法，简要揭示语法规则，然后通过大量的练习在初步掌握语法规则的情况下，再做进一步的归纳总结，加深学习者对规则的理解。

第三节　语法教学的技巧

一、利用实物、图片等直观讲解语法点

首先，教师可以利用实物、图片等直观展示将要讲解的语法点。展示语法点是语法教学的第一步。直观的手法，可以在某种程度上降低学生理解上的难度，使得学生更容易理解和接受所学语法点的用法。直观教学法中图片的使用率是相当高的，包括表现各种主题的照片、地图、宣传彩页等，在教学中都很有用，会画画的教师还可以画简笔画、漫画等来辅助教学。比如，用家庭照片展示亲属的称呼；用地图展示国家或地区的名称及地理位置；用实物图片展示量词；用超市的宣传彩页，展示商品价格的标记法、买东西的说法、东西贵贱的比较法等。特别是在初级阶段，用图片展示生词、新句型并进行操练，是非常有用、有效的。

其次，可以借助直观手法解释语法点。在语言教学中，语法教学是相对比较抽象的，要让学生理解抽象的语法知识，我们可以借助图片、简笔画、道具、表演等来直观解释语法点。比如解释存现句、比较句、正在进行时等，都非常适合使用图片。当然，我们也要注意选择意义正确的图片，不能是模棱两可的，也不能是容易引起歧义的。

比如讲解比较句，教师提供卡片，学生对卡片中的事物进行比较。学生根据卡片内容说出下面句子：

这件衬衫比那件便宜一点儿。

上海比西安暖和多了。

张老师比王老师年轻得多。

然后教师对比较句句型做总结讲解。这样直观的手法，使学生能够更好地理解比较句的句型并运用。

比如讲解时间时，一个道具钟表是最方便好用的。教师还可以和学生一起通过表

演帮助学生理解知识点，这主要是通过动作将语法点直观化。比如讲方位词时，教师就可以自己或让学生做动作，边做边说"往前走""朝右拐"等。

直观解释法可以使课堂气氛活跃，学生参与其中，不会感到语法点学习枯燥乏味，相反还可能会兴趣大增。当然，这种方法较适用于初级程度的学生。对于程度较高的学生，就要相应地改变教学方法了。

二、情景引入与解释

在语法课堂上，教师首先可以给学生提供问答的情景。比如，我们以去参观故宫为情景进行会话，用问答的方式引出语法点，让学生更容易接受语法点。教师还可以利用课堂上以及教师、学生的实际情况，解释语法点。比如讲"A 占 B 的几分之几"，就可以利用班级的实际情况：

教师：我们班总共有多少同学？

学生：……

教师：我们班有多少个女同学？

学生：……

教师：女同学占全班同学的几分之几？

学生：……

这样，无须多做解释，学生自然在情景中明白了句型的用法。再比如比较句。比较句形式复杂，学生容易在理解语义时发生混淆，因此可以借助课堂情景，用同学举例做比较，理解会容易很多。

三、通过问答等交流形式展示语法点

语言本就是重要的交流沟通工具。语言教学用问答等交流形式，效果显著，具体可通过听写、提问、对话等方式来进行。教师可以将所要引出的语法点的应用实例、例句通过课堂听写的形式展示出来，然后对句型进行讲解，操练等。这种方法是最常见的一种展示语法点的方法，常在配合检查学生复习和预习的情况时使用，简单实用但过于机械。

另外，在语法点不太复杂时，可以通过师生对话将所要引出的语法点展示出来。由于学生在与教师对话时必须集中注意力，顺着教师的指引回答问题，所以使得课堂气氛非常活跃，容易让学生对所学内容产生兴趣。这种对话的方式可以是一问一答，教师从学生熟悉的、能够回答的问题入手，使学生在不知不觉中帮助教师引出要操练的语法点。比如，讲解存现句，教师利用教室具体情境，展开和学生的对话。

第一步，教师跟学生进行情景对话，引出语法点。

教师：老师的桌子上有什么？

学生：桌子上有书。

教师：教室墙上有什么？

学生：教室墙上有中国地图。

……

第二步：教师板书体现语法点的句子。

第三步：教师总结，给出存现句的概念、句型，进行讲解。

练习的类型有三种。

一是机械性练习。机械性练习是指模仿、重复、替换、扩展等不大需要进行理解的练习项目。机械性练习的目的是通过简单的情景对话加深学生对语法点的理解，并通过反复的高频率的练习达到流利地说出包含所学语法点的句子的程度。同时教师也可以利用重复练习纠正学生的语音、词汇错误。这种机械性的单个句型操练对于熟练掌握语言的结构形式是不可缺少的，特别是在讲练新内容的环节中，适当运用机械性练习是十分必要的。

二是有意义的练习。如回答问题、完成句子、对课文内容的解释、复述（包括缩简复述、扩展复述、分角色复述）、讨论等。这是在机械性练习掌握语言结构形式的基础上进行的需要对答案进行思考、选择的练习。但练习的内容仍以教材为基础，答案仍然是有控制的。

三是交际性练习。如自由会话、课堂讨论、辩论、演讲、扮演角色、写应用文等。这是真实交际或接近于真实交际的练习。除了在社会上的语言实践外，一般是模拟真实的交际情景进行练习。不仅有听说读写的言语技能训练，还要进行包括语用规则、话语规则和交际策略等言语交际技能的训练。

机械性练习包括重复练习、替换练习、扩展练习等。

（1）重复练习

学生模仿、重复教师说出的含有所学语法点的句子。具体通过以下两种方式进行：①领读。教师先读一遍，学生跟读。领读可以纠正发音、认读汉字，提高学生说句子的流利度，熟悉课文或为后面的练习做准备。②重复。重复句子就是"教师—学生—学生—学生……"式的重复。可以全班齐诵，也可以单个重复。教师应该不断对学生重复的正误给予确认和纠正，练习到发音正确、读句流利为止。

（2）替换练习

替换练习是一种不完全重复的练习，一般用于句型练习。在教师用所学语法点说出一个标准的句子后，说明替换的位置并给出替换的词语，由学生说出所要求说出的句子。具体可以有三种情形：①单项替换句中的一个词或词组；②多项替换句中的多个词或词组；③复句中用句子或分句进行替换。例如：

她不但发音好，而且说得也很流利。

她不但写得快，而且写得也很整齐。

练习时，教师先说出完整的句子，然后学生按照教师的要求替换成分，再说出完整的句子。这种练习速度可以略快一些，使学生集中注意力，并提高学生的反应速度。

（3）扩展练习

扩展练习通过不断增加词语或句子，加长所说话的长度，以达到使学生能流利地说出包含所学语法点的语句的目的。具体有词语扩展练习、句子扩展练习。词语扩展练习，通过不断地添加词语，增加句子的长度来练习，多用于刚开始学习一个结构较长的语法点时，也用于在练习中遇到较长的句子时。例如：连衣裙—红色连衣裙——一件红色连衣裙。

交际性练习是指教师在课堂上利用或创造交际环境，使学生把所学语法点运用于实际交际之中，根据真实情况问答、谈话和讨论的练习活动。其具体方法包括定向问答练习、描述练习、叙述练习。

（1）进行定向问答练习时，教师选择便于用上所学语法点的话题，要求学生在问答时必须用上所学语法点。这种方法常用于谈及与个人有关的问题或讨论学生感兴趣的话题。教师课前精心准备，课上适时引导，多使用开放式问题，使学生尽可能多说话。

（2）进行描述练习时，让学生对自己所处环境或对自己的情况进行说明，要求使用所学语法点。比如学了存现句后请学生描述自己房间的陈设。

（3）进行叙述练习时，让学生用正在练习的语法点讲述一个过程。比如做一道菜的过程、买东西的经历等。

总之，在第二语言教学中，语法教学是非常有必要的。语法教学是对目的语的词组、句子以及话语的组织规律的教学，用以指导言语技能训练并培养正确运用目的语进行交际的能力。当然，强调语法教学的必要性和重要性，并不是主张在第二语言教学中大讲特讲语法理论知识，而是要根据第二语言的学习规律和特点进行语法教学；并要把目的和手段，即培养学生的交际能力与掌握语法规则，区别开来，摆正位置，明确让学生掌握语法规则是为了培养他们的语言交际能力。

第五章

课堂教学

语言教学是一门艺术，课堂教学需要精心准备。要上好一堂高质量的课，需要从以下几个重要环节入手：

第一节　备课

备课是保证教学质量的前提。备课主要包括两个环节：一是要了解与上课有关的信息；二是编写教案。

一、备课准备

1. 备学生

学生是我们的教学对象。了解学生的基本情况是备课的第一步。上课前教师就应该做充分的调查，掌握学生的基本情况，如学习经历、母语、目的语水平、学习状态等。只有了解清楚学生的基本情况，我们的备课才有针对性，课堂教学才不会无的放矢、盲目低效。而了解学生情况的途径可以是多方面的，可根据具体情况，灵活选择。掌握学生情况之后，就是要预测学生的学习难点了。课堂时间有限，不能面面俱到，必须有所取舍。比较普遍又易于掌握的语言现象，不必大量地练习。

2. 备课程

课程是我们的教学内容。课前必须要熟悉该课程的基本信息。因为课程信息直接决定了我们的教学内容，也指明了我们的教学方向，为我们提出了教学目的和要求。所以，课前了解课程基本信息尤为重要。具体来讲，课程信息包括：该课程在教学体系中的地位、跟其他课程的关系、本课程对学生语言能力的要求、教学目标，等等。

3. 备教材

教材是我们的教学辅助材料。课前了解教材的体例结构，熟悉教材的内容编排，才有利于我们制订合适的教学计划。当然，备课时不能仅仅拘泥于所用教材，应尽可能多参考一些同课程教材，以取长补短。

二、编写教案

编写教案是教师梳理教学思路的过程，是教学活动的预演。对新手老师来说，认真编写完整的教案，也是熟悉课堂教学内容的过程。编写教案时，要考虑课堂时间，每个教学环节所需时间，要考虑教学手段，合理安排教学环节和课堂活动等。

1. 教案内容

教案一般包含以下内容：教学对象（班级、人数、汉语水平）、教学目的和要求、教学重难点、教学时数、教学环节或教学过程（包括内容、步骤、方法、时间分配等）、补充练习及课堂活动、板书设计（包括多媒体课件）、作业安排。

编写教案的重点就是设计教学过程。教学过程通常由教师发出一系列指令性语句连贯而成，如"提问、复习""学习新课""布置作业"等。课型不同，教案内容、形式也会有所不同。

2. 教案编写步骤

（1）明确教学目标。通过课堂教学，学生应掌握的知识点，应达到的词汇、语法等相关水平。

（2）确定教学内容。教学内容要根据教学重难点而详略得当、主次分明。

（3）设计教学过程。根据教学内容的主次，合理安排课堂时间分配；根据教学内容设计课堂活动。要设计好怎么导入新课，怎么讲解新知识点，要设计好怎样让学生进行有效的练习，尤其要重视根据教学内容设计形式丰富的课堂活动。

（4）注意做标记。对重难点、过渡部分指令性语句等，可在备课本上做醒目标志。

另外，在备课本的一侧要预留部分空间以做备注。备注栏我们可以填写提醒事项，比如，需要板书的、该提问的、所需时间等。

第二节　讲课

一、讲述技巧

讲述，是用口语向学生讲授知识，使学生理解的最常用的教学行为。对教师来说，掌握讲述技能至关重要。

1. 语音、语速和语调

讲述普通话是有效讲述的基本要求。汉语教师要注意纠正、减少方音和外语口音，力求发音标准。

语速在外语教学中尤其重要，过快，学生听起来困难；过慢，学生容易懈怠，影响课堂效率。至于快与慢的标准，还要参考学生具体语言水平。比如，对于零起点、初级班的学生，语速应慢一点。

语调也很重要。语调可以传达情感信息，教师要使自己的声调带给学生亲切感、亲和力，这样学生更容易接受所讲授内容。另外，运用不同的语调，抑扬顿挫，也能体现教学的重难点，增强教学效果。

2. 提问

提问是一种重要的教学技能。教学本就是双主体、双向交流的活动。好的提问能增进交流，激发学生学习兴趣，提醒学生集中注意力，还可以活跃课堂气氛。但提问也需要技巧，问题过难，学生一点不会，将打击学生的学习积极性；问题太简单，学生慢慢就会掉以轻心，甚至轻慢所学内容。所以，教师要围绕教学目的精心设计问题，启发学生，引导学生，以更好地完成教学任务。尽量不用是否问句而大量采用 WH 问句（Why，What，Where，Which，How），要做到教师的问句比学生的答句短。在低年级教学中，提出的问题，要让学生有话可说；高年级中，教师要有 3 周岁孩子的好奇、60 周岁老人的耳顺。教师要做到知而不言，让学生言而不尽，鼓励学生说话。在讨论和辩论问题时，要站在学生的对立面。总之，一个语言教师的任务是教授学生运用语言的能力，而不是改造学生的思想。具体来说，提问应注意以下几点：

（1）提问要能激发学生学习兴趣。教师应了解学生兴趣点，设计出合适的情境；问题贴近学生生活，并且能适应学生现实交际需要。比如购物、吃饭。

（2）提问要有针对性和区分度。针对性，既要针对教学目的，设计与教学内容有关问题，又要针对学生具体情况，确定问题是学生学过并能够回答的。区分度是指针对学生的个体差异，设计出不同难易程度的问题。

（3）叫答方式。叫答可以按规则（如按座位），也可自由选择。既可以一个学生单独回答，也可以大家集体回答。根据提问内容灵活掌握。一个班的学生水平不一，要求教师准备难度不同的问题，提问不同的学生，引导全体学生参与教学互动。尤其不要忽略基础不好或性格内向的学生。教师应尽可能调动所有学生的学习积极性。如果只有少数学生参与互动，那教学就是失败的。

二、非语言表达技能

1. 手势

对于对外汉语教学来说，运用手势是必要的。运用得体、自然，可辅助语言讲述，使学生更易接受并理解教学内容。有时用手势比用语言更简洁明白。用手势指导某个学生回答或集体练习。运用手势时一定要清楚利落。

2. 教态

教态是指教师在教学中表现出的仪表、举止、风度等。教师的仪表仪容，是教师的第一张名片，给学生第一印象。教师应穿着得体，整洁大方；不要穿奇装异服，不要过于夸张，以免分散学生注意力。教师讲课时，举止要自然、亲切，适时走动，调整和学生距离。

3. 面部表情

课堂上教师应和颜悦色，让学生感到温暖，消除距离感，微笑是最受欢迎的表情。把桌子摆成圆圈，教师站在中间，照顾到每个学生，看着学生的脸和眼睛说话，用眼神期待学生回答。此外，对学生的课堂表现，教师可以适当地用丰富的表情传递鼓励、赞赏、理解等信息。

三、板书

板书是课堂教学普遍使用的教学手段，可以帮助学生理解和记忆。板书的总原则是简明扼要、眉目清晰、重点突出。

首先，要准确（拼音、汉字字形和笔顺、标点符号、格式等）、规范、工整、清楚、布局合理。精心设计的板书能让学生感觉到教师的认真态度和严谨教风。没有板书，学生不容易把握教学重点。

其次，板书要注意内容、位置、板书所需时间等。如果内容多，所需时间长，就应该提前准备课件。

最后，板书在黑板上要保留一段时间，给学生理解、记录的时间。

第三节　课堂组织与管理

一、课堂组织

（1）制定明确、具体的课堂规则。教师在开始给新班级上课时，应该向学生提出、解释自己的要求。规则要简单明确。也可以征求学生意见和建议，共同制定课堂规则并共同维护。

（2）掌握学生信息，记住学生名字。教师熟悉学生姓名，可以使学生倍感亲切，使学生感觉自己得到肯定，这样可以提高学生上课积极性并集中注意力。

（3）集中学生注意力。课堂上若有学生听课懈怠，或课堂气氛不活跃，教师就应该采取一定措施，及时调整课堂状态。比如，有学生注意力不集中，教师可临时提问，以提醒该学生集中注意力。若有学生对教学内容不感兴趣，教师可以适当转变话题，或改变语调，或举一个有趣的例子。若有学生听不懂，教师可以放慢语速，用通俗易懂的话语进行讲述，或者做课堂练习。

二、课堂管理

学生在课堂上难免会出现临时状况：迟到早退、接打电话、玩手机、打瞌睡、看课外书，交头接耳，等等。对于这些临时突发状况，教师应及时处理，保证教学顺利进行。

（1）个别学生的小问题。个别学生的小问题，若对别的同学影响不大的，教师可以用暗示法，悄悄提醒。比如，走过去轻点桌子，比如用眼神示意，或指定提问。

（2）主动犯错或有较大影响的问题：

①迅速处理。对于个别故意犯错的学生，教师可立即点名，让其回答问题，转移学生注意力，进行行为替换。或直接指出其行为的错误之处，讲清道理，适当批评。不能听之任之，以免影响整体课堂。

②适当惩罚。对中小学生，可以参照其本国情况惩罚。惩罚可以跟学习有关。如罚抄写单词。口语课可罚唱中文歌等，但要注意惩罚适当，不能激起学生的逆反心理，在惩罚之前，给学生讲清楚道理。使其心甘情愿地接受惩罚，并积极改正不良行为。

（3）突发情况的处理，教师要随机应变，保证教学顺利进行。

下　篇

第一章

"是"字句

第一节 "是"字句常见偏误

HSK 动态语料库显示，留学生在用"是"字句表达和交际时存在着大量的偏误事实。而研究这些偏误，发现偏误发生的根源，才能有针对性地提出应对的办法。

一、缺漏

缺漏是由于某些原因而使得句子中一些必要成分缺失的现象。

1. 缺少"是"

误：他我哥哥（韩国留学生偏误）。

改：他是我哥哥。

误：我韩国人，他也韩国人。（韩国留学生偏误）

改：我是韩国人，他也是韩国人。

2. 缺少连词和"是"

误：今天我买了礼物，他的生日。（日本留学生偏误）

改：今天我买了礼物，因为今天是他的生日。

误：我喜欢跑步，很健康的运动。

改：我喜欢跑步，因为跑步是很健康的运动。

二、误用

误用是指在不该用"是"的地方，错误地用"是"字句；本该用"是"字句的地方，却用了其他的成分或结构代替。

误：明天是雪。（韩国留学生偏误）

改：明天有雪。

第二节 "是"字句的概念及意义

一、概念

"是"字句是比较基本的句式。它有着很高的使用频率。动词"是"作谓语的句子被称为"是"字句。

二、意义

（1）"是"表示判断、归类，一般呈现的形式为：

N.（sth＼sb）+是+N.（sth＼sb）

      S   V   O

例如：我是王雷。

      我是学生。

      他是伟大的科学家。

注意："是"字句的S（主语）和O（宾语）在意义上和结构上的关系

①表示"等于"时，结构上S和O的位置可以互换。例如：我是王雷。＝王雷是我。

②表示"归类"意义时，结构上S和O的位置不可以互换。例如：我是学生≠学生是我。

（2）"是"表示存在、属于意义，一般呈现的形式是：

Place（场所词语）+是+N.（sth.＼sb.）

        S   V   O

例如：操场旁边是图书馆。

      这里是体育场。

注意：

①表示"存在"意义的"是"做谓语时，S一般是表示方位或场所意义的词语；S跟O不能换位。例如：图书馆是操场旁边。（×）

②表示"属于"意义时，结构上S和O的位置不能互换。例如：体育场是这里。（×）

（3）"是"表示不同的判断意义，一般呈现的形式是：

是+N.＼V.＼adj.+的

例如：他穿的那件毛衣是羊毛的。（质料）

      我是做生意的。（归类）

      这台电脑是王老师的。（归属）

（4）"是"表示解释性关系，一般呈现的形式是：

是+（NP）名词性短语

例如：今天是上班的第一天。

（5）"是"字句的否定形式，只能用"不"否定，不能用"没"或者"没有"。

例如：这个人不是我同学。

（6）“是”字句的疑问形式：

①是……吗？

例如：这是图书馆吗？

②是不是……？

例如：这是不是小明的书？

③是……不（是）？

例如：你看的书是汉语书不（是）？

注意：用“是不是”或“是……不是”时，句后一定不能再加“吗”。例如：你看的书是不是汉语书吗？（×）你看的书是汉语书不是吗？（×）

（7）“是”表示过去的情况，可在动词前边加上表示时间意义的词语。

例如：这个房子一年前是王叔叔的。

（8）“是”表示某种新情况，常常在句末加“了”。

例如：以前我们喜欢看的是电视，现在我们喜欢看的是手机了。

第三节　“是”字句教学过程

一、导入

教师通过对话展开教学：

A：您好，我是王明。

B：您好，我是李白。

A：请问您是老师吗？

B：不是，我不是老师，我是图书馆管理员。你是不是学生？

A：是的，请问图书馆在哪儿？

B：体育场的西边就是图书馆。

A：谢谢您。今天是我入学的第一天，很高兴认识您。

二、整理知识点

教师整理出以上对话里面“是”字句的几个知识点句子：

（1）我是王明——（N.（sth. \ sb.）+是+N.（sth. \ sb.）

S　V　O

（2）请问您是老师吗？——（是……吗？）

（3）不是，我不是老师。——（不是）

（4）你是不是学生？——（是不是……？）

（5）体育场的西边就是图书馆。——Place（场所词语）+是+N.（sth. \ sb.）

S　V　O

（6）今天是我入学的第一天。——是+（NP）名词性短语。

三、理解"是"字句

教师引导学生根据以上六种形式进行造句，理解"是"字句以上六种意思的用法。

四、读对话

阅读是培养语感的最佳方式之一。教师领读或学生自读。

A：你是做什么的？

B：我是做生意的。

A：这个房子是你的吗？

B：不是，这个房子一年前是我的，现在是别人的了。因为我要出国，一年前就卖给别人了。

五、整理知识点

教师整理出对话里面"是"字句的3个知识点句子：

（1）我是做生意的。——"是" + V. +的

（2）这个房子一年前是我的。——"是"表示过去的情况，可在动词前边加上表示时间意义的词语。

（3）现在是别人的了。——"是"表示某种新情况，常常在句末加"了"。

六、理解"是"字句

根据以上3种形式进行造句，理解"是"字句以上3种意思的用法。

七、练习

进行以上的知识点讲解之后，教师可以通过练习，使学生对知识点的掌握更加明确及清晰，起到一定的巩固作用。

判断以下句子的对错并改正。（检查知识点掌握的扎实程度）

（1）我是叫王明。（×）改：我是王明。/我叫王明。

（2）这个电脑是我的。（√）

（3）图书馆是体育场前边。（×）改：体育场前边是图书馆。

（4）我妈妈教书。（×）改：我妈妈是教书的。

（5）你是不是医生吗？（×）改：你是不是医生？

（6）这里不是学校。（√）

（7）这件衣服有羊毛的。（×）改：这件衣服是羊毛的。

（8）这本书以前是你的了，但现在它是我的。（×）改：这本书以前是你的，但现在它是我的了。

八、作业

作业环节是教师根据每节课学生对知识点的掌握程度进行的一项检测并促使学生巩固所学内容。按照所讲的"是"字句知识点，每一个知识点造2个例句。

第四节　"是"字句教学建议

（1）无论是学生学习还是教师教授的过程中，都必须注意"是"字句知识点前后出现的顺序，由易到难，切不可先将难的知识点放在最前面进行教学。

（2）根据"是"字句的几个知识点进行归类，给学生强调，表示判断、属于、存在、解释等都用"是"，让学生在理解"是"字句时有个整体的认识。

（3）"是"字句的前面几个知识点学起来比较容易，学生可以很快地理解，因为S+V+O的形式对于欧美学生和东南亚学生来说，在理解上没有困难，因为此形式与英语表达形式一样。这里需要注意的是，虽然理解上没有问题，但是在学习一段时间过后，东亚学生（韩国和日本的学生）在日常使用中由于受自己国家母语的影响，会容易忽略"是"，这样的情况经常出现在其初级阶段的学习中。因此针对这种情况，在初级阶段，教师需要针对个别国家学生的偏误特点，对"是"字句逐一进行强调。

（4）随着"是"字句的不断学习，尤其是到了中级阶段，由于在初级阶段"是"字句的几个知识点没有打好基础，学生经常会出现前面偏误所说的缺漏和误加的现象。针对这样的情况，建议教师结合学生的偏误类型，再进行强调并给出相关练习（判断对错、选择填空等）进行巩固和加强。

第五节　"是"字句拓展延伸题

一、思考题

（1）在初级阶段的对外汉语课堂教学中，"是"字句常用的意思有哪些？

（2）初级阶段教学中，留学生常见的"是"字句偏误是什么？

（3）在对外汉语课堂教学中，"是"字句教学应注意什么？

二、"是"字句教学案例与分析

教学地点：韩国首尔。

教学对象：成人混合年龄初级班。

小王在韩国首尔任教，学生来自社会各阶层。某天批改作业时，她发现班上一名水平不错的学生仍然出现了"是"缺漏的语法现象，比如该学生练习中写了这样一句话："我的朋友中国人是。"在小王任教的一个多月里，她还发现了一些类似的语法错误，于是小王反思了一下自己的教学。她觉得出现这样的错误有两个原因：①学生受母语负迁移的影响。韩语中，语句的顺序是主宾谓，与汉语中的主谓宾顺序不一样。按照韩国的语句顺序，学生把自己母语的语句顺序带到了汉语的语句中，所以把"我的朋友是中国人"写成"我的朋友中国人是"。再加上小王的学生都是成年人，要完全改掉他们的母语思维习惯不容易。②跟自己的教学有关。在教学时，小王往往以为学生听懂了就是会用了。小王每次讲完新课都会问学生："明白了吗？"学生都异口同声地回答："明白了!"小王于是想当然地认为学生说懂了就是会了。可是现在看来，"懂"并不代表"会"。后来，小王还会问学生："会不会?"不过，她自己也意识到光问"会不会"还是不够的，于是她对自己的教学进行了一些改进。

小王首先从以前学过的课文中找出"是"字句的语句，打算加强对相关表达的操练。接着她准备了"是"字句的扩展练习，按照汉语中主谓宾的语序逐步进行扩展。上课时她先带学生做口头操练，先给学生罗列"我""的""朋友""是""中国人"词语，然后让学生学会造句，她告诉学生"是"需要放在主语"我的朋友"后面，然后她带领学生指着自己和学生进行课堂实际操练，如"老师是中国人，你们是韩国人"。操练后，就对这个句子做进一步扩展，如："老师是中国人，你们是韩国人，我们都是亚洲人"等。最后小王给学生布置课后作业：第一题是造句，由于学生所学的字词有限，只要求学生造三句即可；第二题是连句，她选了新学的几个"是"字句，要求学生用所学的连词将几个句子连起来。经过这样的逐步扩展和不断操练，小王在批改作业时发现学生表达这个"是"字句语序结构已经基本没有问题了。分析："懂了"不等于"会了"。从教育心理学的角度来说，"懂了"只表示学生理解了相关的"陈述性知识"，而真正掌握语言，学生必须具备"程序性知识"。"陈述性知识"指"是什么"的知识，而"程序性知识"指"怎么做"的知识。要实现从陈述性知识向程序性知识的转化，练习必不可少。

新手教师走上讲台，最担心的是学生不理解自己的教学内容，于是经常问学生"听懂了吗?"看到学生点头，就以为学生已经理解了，认为自己可以放心地讲下去了。至于学生说"懂了"以后要做什么，新手教师头脑中往往没有清晰的认识。实际上，即使没懂，也会有一些学生点头说"懂了"。因此，用学生说"懂了"或者点头作为判断学生掌握了某知识点的依据是不合适的。正确的做法是用课堂练习检测学生是否真的懂了、会了。

本案例中的教师针对相关语法点设计了"准确性练习"，即对于学生输出的准确性有较高要求的练习或口语活动。通常的准确性练习包括"机械性练习"（朗读、句型替换等）和"有意义的练习"。本案例中的教师所采用的造句、连句、实景说句子属于"有意义的练习"。这种练习对于提高学生语言形式的准确性很有帮助。但如果长时间进行这样的训练，学生很容易产生疲劳感。在进行了必要的准确性练习后，教师可以设计一些交际性活动，比如让学生做一个对话练习，了解学生们的家人是做什么的。有的学生可能会说："我的妈妈是老师。"有的学生可能会说："我的爸爸是医生。"教师可以让学生把调查的情况记录下来（比如可以用表格的形式），最后请学生向全班同学报告同学们家人的职业状况。这样的活动既关注了语言形式的准确性，又注意到了所学内容的交际性，且给了每个学生多次表达的机会，对教师提升教学的效果是有帮助的。需要注意的是，教师在活动前要给学生列出或强调必须使用的语法项目，活动中也要做好监控，以免学生回避或忘记使用需要练习的语法项目。如果教师在做完这个活动之后，再适度总结一下相关的语法点，学生一定会记得更牢，做到真正的"会"。

三、拓展延伸

（1）小李是汉语国际教育专业的在读学生，暑期在一家对外汉语培训机构做兼职教师。那家培训机构对教师有很多规定，其中有一条就是上课的时候绝不允许问学生"懂了吗?""明白了吗?"小李对此很不解。你怎么看?

（2）回顾你自己的学习经历，想一想教过你的教师如何确认学生是否听懂了、明白了。

第二章

"有" 字句

第一节 "有"字句常见偏误

"有"字句是对外汉语教学中的重要句式，也是掌握难度较大的句式。针对留学生在汉语交际过程中出现的问题，我们将"有"字句学习过程中的偏误做了整理与归纳，以期纠正偏误。

一、遗漏

遗漏是由于某些原因而使得句子中一些必要成分缺失的情况。

误：第二个是弟弟的房间，里边一张床。（泰国留学生偏误例句）

改：第二个是弟弟的房间，里边有一张床。

误：这个学期，我的汉语水平很大进步。（日本留学生偏误例句）

改：这个学期，我的汉语水平有很大进步。

二、误加

误加也叫添加，指在句子中多了不应该有的词语。

误：我们非常有快乐。（泰国留学生偏误）

改：我们非常快乐。

误：吸烟对吸烟者是有不好的影响。

改：吸烟对吸烟者有不好的影响。

三、误代

误代是指词语的误用。

误：冰淇淋是草莓、苹果、牛奶的口味。（泰国留学生偏误）

改：冰淇淋有草莓、苹果、牛奶等口味。

误：听音乐会感到轻松的感觉。（日本留学生偏误）

改：听音乐会有轻松的感觉。

四、错序

错序也叫错位，指语法项目排列顺序的错误。

误：这个学期有一共 16 周。（美国留学生偏误）

改：这个学期一共有 16 周。

误：对他来说，好处有多一些。（日本留学生偏误）

改：对他来说，有多一些好处。

第二节　"有"字句的概念及意义

一、概念

在现代汉语中，"有"字句是一个表义丰富、形式多样、使用范围比较广的特殊句式。

由"有"做谓词或谓语中心词的句子，被称为"有"字句。

例如：玫瑰花有红的，有白的。

二、意义

"有"字句表义丰富，形式多样，使用范围广泛。

（1）"有"表示"存在"，一般呈现的形式为：

P（处所）/T（时间）+有+N.（名词）

例如：学校有很多学生。

　　　这个学期有 16 周。

注意：这里需要区分"在"和"有"，两者虽都表示存在，但它们的结构形式不同。"在"前面的名词性词语一般是确指，"有"后面的名词性词语往往不是确指的。所以名词性词语前常常用"数量名"结构。两者的比较如下：

电脑在桌上。（确指）——桌上有台电脑。（不确指）

学生在教室里。（确指）——教室里有 20 个学生。（不确指）

（2）"有"表示"领有"的意思，又分为以下三种情形：

①"有"作谓语时，一般呈现的形式为：

N. +有+N.

例如：他有两个姐姐。

　　　人有两只手。

②"有"表示某种新情况发生或出现。这种情况下，"有"后面常加上有变化意义的"了"，一般呈现的形式为：

N. +有（了）+V. /N.

例如：这个学期，我的汉语有了很大的进步。

　　　这 20 年来，这里有了很大的变化。

注意：若"有"前面有副词"又"出现时，"有"后面一般要加"了"字。例句如下：

我们又有机会了。（√）

我们又有机会。（×）

注意：若"有"后面加"过"表示"曾经具有"的意义。例句如下：

我有过当医生的机会，但是我放弃了。

③一般"有"不受程度 adv.（程度副词）修饰，但是当 O（宾语）表示的是 S（主语）的属性，O 多为抽象名词时，"有"可以受程度 adv.（程度副词）的修饰。一般呈现的形式为：

N. +adv.+有+N.（抽象名词）

     S   V   O

例如：这次的活动很有意义。

        他非常有经济头脑。

（3）"有"表示估计、达到，一般呈现的形式为：

N. ／Pron.（名词、代词）+有+Quantifier（数量词）

例如：我们学校有 100 多名外国学生。

        我学习汉语有一年了。

（4）"有"字句的否定形式：

"有"的否定形式是"没有"和"无"，不能用"不"的否定形式。进行否定回答时，不能单独用"没"。否定后，如果不在特定的反驳、对比、强调等场合下，O（宾语）前一般不用不确指的 Quantifier（数量词语）。

例如：

我没有汉语书。（√）

我不有汉语书。（×）

你有电脑吗？——没有。（√）

你有电脑吗？——没。（×）

我没有电脑。（√）

我没有一台电脑。（×）

（5）"有"字句的疑问形式：

①有……吗？

例如：你有自行车吗？

②有没有……？

例如：你有没有去过中国？

注意：用"有没有"提问时，除在反驳、对比、强调等特殊场合下，O（宾语）前一般不用表示不确指意义的数量词语。例如：

在西安，有没有很多韩国人？（不确指数量）

第三节　"有"字句教学过程

一、导入

教师通过对话导入教学：

（情景对话①展示）

A：你家有几口人？（配以图片展示）

B：我家有三口人。

A：书桌上有什么？（配以图片展示）

B：书桌上有电脑和书。

A：一年有几个月？（配以图片展示）

B：一年有 12 个月。

二、总结结构形式

根据情景对话①的练习，教师解释"有"表示"存在"的意思，并尝试让学生总结这三个对话中的结构形式，可适当地提问。

三、写出"有"表示"存在"意思的结构形式

教师点评学生的提问，并对知识点进行总结，写出"有"字句结构形式：

P（处所）/T（时间）+有+N.（名词）

四、鼓励学生参照以上结构形式造句并纠正其错误的句子

（略）

五、情景对话展示（餐馆点菜）

A：先生，您好！请问您需要什么？

B：你好，请问你们有什么菜？

A：我们有四川菜。因为我们餐馆有一个四川厨师，还有四川的变脸表演。

B：你们的餐馆很有意思，我很喜欢。你们有牛肉面吗？

A：抱歉，我们之前有过牛肉面，但现在没有了。您可以尝试一下我们现在的几种面。

B：好的，谢谢。你们有没有白米饭？

A：有。

B：我要一份麻婆豆腐、一碗白米饭。请问有咖啡吗？

A：有。

B：好的，我再要一杯咖啡。

A：好的。您汉语说得很好！请问您来中国多长时间了？

B：我来中国有两年了。近两年，中国有了很大的变化，我很喜欢中国。我在美国

的时候吃过一次四川菜，今天我又有机会了，我觉得很开心。

A：谢谢！请稍等，希望您用餐愉快！

六、分角色朗读

教师安排学生分角色朗读情景对话并要求学生找出已经学过的"有"表示"存在"的意思的句子。

七、呈现结构形式

教师在情景对话里挑出"有"字句表示"领有""估计、达到"两个意思的句子并进行解释，写出各自呈现的结构形式：

（1）N. +有+N.（领有）

（2）N. /Pron.（名词、代词）+有+Quantifier（数量词）（估计、达到）

八、错误纠正

教师要求学生按照以上结构形式造句并进行错误纠正。

九、改错练习

通过改错练习对学生之前学过的"有"字句意思进行巩固。

（1）我的房间是一张床。改：我的房间有一张床。

（2）这个蛋糕是不同的种类。改：这个蛋糕有不同的口味。

十、问答操练

教师要求学生找出"有"字句的否定式和疑问式并写出否定和疑问的结构形式（参见第二章第二节的内容），安排学生进行问答操练。

十一、造句

教师在对话中挑出"有"字句加"了""又""过"的句子并进行解释，给出一般呈现的结构形式（参见第二章第二节的内容），要求学生参照结构造句，教师适当纠正错误句子。

十二、特殊情况解释

教师挑出情景对话中"有"字句的以下特殊情况并进行解释："有"可以受程度adv.（程度副词）的修饰。一般呈现的形式为：

N. +adv.+有+N.（抽象名词）

　S　　　V　　O

让学生参照以上结构形式造句并适当纠错（例句可参见第二章第二节内容）。

十二、作业

根据以上所学的知识点，熟读情景对话，背诵对话中的句子，下节课进行角色扮演。

第四节　"有"字句教学建议

教师在进行"有"字句教学时，首先需要注意的是对"有"字句的几个意思进行分阶段的区分和讲解，由易到难，切勿将这几个意思打乱次序来讲解，否则容易造成留学生在学习"有"字句时与其他意思和用法混淆。

教师在讲解"有"字句时，要充分利用"有"字句的课堂活动进行教学，这样做有助于教学，也可以加深留学生对"有"字句几个意思的记忆。

这里需要特别注意的是，留学生在学习到一定阶段后，容易将"是"字句和"有"字句混淆来用，教师需要对这两种句子进行比较，解释差异。教师需要给出例句，让学生对这两个例句进行总结，理解这两个句式的差异，然后让学生针对这两个句式进行改错练习。

教师在讲解"有"字句时，要重点讲解语法形式、类型及其使用的特殊情况。这里建议教师首先从学生教材中常用的类型讲起，然后对于几个特殊情况，教师需要明确告诉学生，并结合例句进行讲解，例如：他非常有经济头脑。一般"有"不受程度adv.（程度副词）修饰，但是当O（宾语）表示的是S（主语）的属性，O多为抽象名词时，"有"可以受程度adv.（程度副词）的修饰。

教师在讲解"有"字句时，由于其所含意思较多并且有特殊情况，建议教师多采用句式结构教学，这样可以使学生一目了然，之后可以安排学生参照句式结构造句，有助于留学生掌握"有"字句的用法。最后教师给出针对性的操练，这样可以加强学生对于"有"字句的掌握。

第五节　"有"字句拓展延伸题

一、思考题

（1）留学生"有"字句的常见偏误有哪些？
（2）"有"字句的疑问形式具体有哪些？
（3）"有"字句的否定形式具体有哪些？
（4）教师讲解"有"字句的时候要注意哪些？

二、拓展延伸

修改以下偏误并分析：
（1）我钱没有。
（2）明天你有没有上课？
（3）你有没有自行车吗？

第三章

"在" 字句

"在"字句在生活中使用频率很高，从对外汉语教学领域来看，留学生对复杂的"在"字句并没有一个系统的、完整的概念，对"在"字句的理解与使用不可避免会出现偏差及错误。

第一节　"在"字句常见偏误

一、误用

误用是指在不该用"在"的地方，错误地用"在"字句；本该用"在"字句的地方，却用了其他的成分或结构代替。

误：你的衬衫床上有。

改：你的衬衫在床上。

二、缺漏

缺漏是由于某些原因而使得句子中一些必要成分缺失的情况。

误：我在公交车，马上就到了。

改：我在公交车上，马上就到了。

三、误加

误加也叫添加，指在句子中多了不应该有的词语。

误：她在着教室里。

改：她在教室里。

第二节　"在"字句的概念及意义

一、概念

动词"在"做谓语的句子叫"在"字句。

二、意义

（1）"在"字句表示已知、确指的人或事物存在的位置。

（2）"在"字句表示存在意义，句中一定要有存在的人、事物和处所。

基本公式：NP1（人或事物）+在+NP2（方位词或处所词）

例句：她在学校。

　　　电脑在书架上。

　　　宿舍在食堂的南边。

（3）"在"后面表示处所或方位的名词或短语，主要有两种情况：

①名词本身是处所词，如：教室、银行、饭店、楼上、门口等。这类词直接放在"在"后面。例句：明天我在家；小红在宿舍楼下；张老师在门口等你。

②如果表示人或事物的普通名词，不能直接表示处所，加上方位词或指示代词"这儿""那儿"。如：海边、门前、桌子下边、书桌里、老师那儿、我这儿等。例句：你的书在我这儿；她的快递在门口；教材在你的书桌里。

（4）"在"表示存在，不表示动作，后面不能加"了""着""过"等动态助词。

（5）"在"的否定形式是"不"，有时候也可以用"没"。

第三节　"在"字句教学过程

一、导入

教师通过对话导入教学：

师：（拿起点名册点名）今天谁没来？

生：小明没有来。

师：小明呢？（请学生回答）

小明在宿舍，他生病了。（板书）

师：玛丽，明天是星期天，你在家吗？

生：我不在家。

师：明天是星期天，玛丽不在家。（板书）

师：（将学生的书拿在手里问）吉姆的书在哪？

生：吉姆的书在老师手里。

师：吉姆的书在老师这儿。（板书）

（1）教师组织学生读板书的例句，总结"在"字句。

（2）动词"在"做谓语的句子叫"在"字句，表示已知、确定的人或事物存在的位置。

总结公式：

（1）肯定句：NP1（人或事物）+在+NP2（方位词或处所词）

例句：小明在教室看书；你的自行车在门外

（2）否定句：NP1（人或事物）+不在+NP2（方位词或处所词）

例句：他的衬衣不在衣柜里；我就在你附近

（3）疑问句：NP1（人或事物）+在+NP2（方位词或处所词）+吗？

NP1（人或事物）+在+哪？

例句：你在哪？我的钱包在桌子里吗？

三、练习

在学生初步掌握知识点之后，进行适当的练习是巩固新知识的必要手段。

1. 交际操练

教师提供一些词汇，学生用"在"字句进行对话。

人或事物：小红、老师、他、书包、早餐、试卷、护照、钥匙、快递等

方位或处所名词：桌子下边、书桌里、那儿、这儿、教室、银行、饭店、楼上、门口……

根据公式，学生挑选词汇（也可说自己想到的词）进行"在"字句练习。

2. 仿照例句改句子

例：钥匙在地毯下面。

我的钥匙在哪？

我的钥匙在地毯下面吗？

钥匙不在地毯下面。

（1）快递在宿舍楼下。

（2）帽子不在柜子里。

（3）操场在宿舍的北边。

第四节　"在"字句教学建议

"在"字句是国际汉语教学通用课程大纲中初级语法句式，是初级阶段语言学习者必须掌握的重要语法点。教师在教学中，重点强调"在"字句的公式：NP1（人或事物）+在+NP2（方位词或处所词）。

一、"在"字句与"有"字句混淆

误：你的衬衫床上有。（两种句式混淆）

"有"字句：桌子上有一本书。表示处所或方位名词+有+（数量词）名词，句中存在的人或事物是未知的、不确定的。

"在"字句：书在桌子上。人或事物+在+表示处所或方位名词，句中存在的人或事物是已知的。

二、"在"字句与"是"字句

两种句式中，存在的人或事物都是确定的、已知的，只是语序不同。

食堂在哪？——食堂在宿舍北边。

宿舍北边是什么地方？——宿舍北边是食堂。

"在"字句强调听话人不知道某事物或人存在的位置时，说话人对某人某物进行位置说明；"是"字句是听话人知道某事某物存在，但不知道具体是什么、是谁时，说话人进行具体说明。

第五节　"在"字句拓展延伸题

一、思考题

（1）留学生关于"在"字句的常见偏误有哪些？

（2）"在"字句与"有"字句有哪些区别？

（3）如何辨析"在"字句和"是"字句？

（4）动词"在"和副词"在"有哪些区别？

二、拓展延伸

副词"在"的语法意义主要有三种观点："进行说""进行、判断说""动作、行为的进行或状态的持续说"。因为"在"可以和表示心理的形容词或动词连用，例如"他在为自己演得不好而羞愧呢"，其中的"在"就表示"状态的持续"。因此，"在"表示动作行为的进行或状态的持续。

副词"正"的语法意义有两种观点：①"正"指动作进行或状态持续，和"在"的意义相似。例如："我正看着呢"；"我们正在屋里聊天"。②"正"强调动作发生的时间和另一个时间吻合，而不是强调动作的进行。例如："你来得真是时候，我正要找你"；"我正要出门，车就来了"。这里的"正"表示"巧合，刚好"的意思。因此，"正"的语法意义是：动作的进行或状态的持续与另一时间相吻合。

副词"正在"的意义是"正"和"在"的结合，也表示动作的进行、状态的持续。"正在"后面通常跟动词或者形容词，例如："我们正在学习""车的速度正在慢下来"。"正在"的否定式只能用"不是"，不能用"不、没有"。

"正""正在""在"的语法意义有相通之处，在一定的语境中可以相互替换。但它们之间还是有明显差异的。

（1）"正"着重指时间，表达的是一个时间点，强调动作状态在持续过程中的某一时点情形。例如：

①我正看着电视，突然觉得肚子疼。

②妈妈正在厨房忙着，客人已经到了。

例一强调"肚子疼"发生在"我看电视"这一动作进行中的某一时点，也就是"我看电视"这一刻，"肚子疼"发生了。例二强调"客人到了"这一事实，发生在"妈妈在厨房忙着"的某一时点，也就是"妈妈忙着"的这一状态的某一刻，"客人到了"。

（2）"在"可以表示反复进行或长期持续。它不能表示一个时间点，而是一个时段。"在"所表达的时间段开始和结束都没有具体时间，只是强调持续的状态。

①她一直在努力练习唱歌。

②我一直在考虑这件事。

"努力练习"和"考虑"的持续时间不得而知，起点不明显，动作何时结束也不清楚，这就是"在"的"无界限时段"。

①他在清理游泳池。

②晚上爸爸回家的时候，她在做饭。

这两句强调了"在"的"有界限时段"。"清理游泳池"的参照时段是"现在"，"做饭"的参照时段是"爸爸回家的时候"。

（3）"正在"和"在"一样，表示动作在进行中或状态在持续中，不能表示"时点"，只能表示"时段"。与"在"的不同之处在于，"正在"只能表达"有界限时段"，不能表达"无界限时段"。

①一轮红日正在从地平线上升起。

②此时，树上的小鸟，正在"叽叽喳喳"地叫着。

例一不能用"在"是因为"在"后面不能用介词"从"，但这句能用"正在"，也是一个"有界限时段"，太阳升起是有时间起始的。例二中的"此时"也表示同样的意思。

副词"在""正""正在"的语法意义相似，但在具体语境中差异很大。留学生在学习的过程中，一般不会同时学到这三个时间副词。教师在讲课时，通常会笼统地把这三个词解释为动作的进行或状态的持续。学生在使用时，因为不清楚这三个时间副词的区别，就容易产生偏误。

第四章

"是……的" 句型

　　"是……的"句型是现代汉语中使用频繁且重要的句式。该句型语义丰富、语法功能多样，所以在对外汉语教学中留学生出现错误的频率很高。因此，"是……的"句式在外国学习者汉语学习的初、中、高阶段都是极其重要的语法点。

第一节　"是……的"句型常见偏误

一、误用

　　误用是指在不该用"是……的"的地方，错误地用"是……的"句；本该用"是……的"句的地方，却用了其他的成分或结构代替。

　　误：我们明天是坐船去上海的。

　　改：我们明天坐船去上海。

　　我们昨天是坐船去上海的。

　　（"是……的"句不能用于表示将来的情况。）

　　误：他是上周来了。

　　改：他是上周来的。

二、错序

　　错序是指语法项目顺序颠倒。

　　误：我妈妈是从美国打来长途电话的。

　　改：这个长途电话是我妈妈从美国打来的。

三、句式杂糅

　　两种句式杂糅到一起，形成两句混杂。

　　误：我的手机买了香港。

　　改：我的手机是在香港买的。

第二节 "是……的"句型的概念及意义

一、概念

"是……的"句主要用于强调已经发生或者完成的动作的时间、地点、方式、对象、目的等，是动词谓语句的一种，突出强调与动作相关的某个成分。

"是……的"句的谓语成分是"是"和"的"之间的主要动词，强调的部分放在"是"的后面。

二、意义

1. "是……的"强调动作发生的时间、处所、方式、条件、目的、对象和工具等

例句：

（1）我们是昨天下午到的。（强调时间）

（2）小明是从中国来的。（强调处所）

（3）她是开车去的超市。（强调方式）

（4）我是来还书的。（强调目的）

2. "是……的"强调施动者

例句：

（1）蛋糕是她买的。

（2）这部小说是海明威写的。

3. "是……的"强调受动者

例句：这本书是送给你的。

4. "是……的"强调产生某种结果的动作行为

例句：

（1）奶奶生病了，都是累的。

（2）小红受伤了，是被车撞的。

三、使用规则

（1）"是……的"中"是"可以省略，"的"不可以省略。当句子的主语是"这""那"时，"是"不能省略。

例：他去年回国的。

这是妈妈给我买的。

（2）否定形式是在"是……的"前加"不"，不能省略。

例：电脑不是我弄坏的。

她不是去商场买衣服的。

（3）"是……的"可以在句中做宾语。

例：不知道她是怎么想的。

不知道你是怎么洗的。

第三节 "是……的"句型教学过程

一、导入

根据"是……的"句式特点及语用意义，我们采用情景对话导入方案。

师：周末你们去哪儿玩了？

生：我们去大雁塔了。

师：你们是怎么去的？是坐公交车还是坐地铁？

生：我们打车。

师：哦，你们是打车去的。（板书）

师：玛丽，你去过北京吗？

生：我去过北京。

师：你是什么时候去的？

生：我是去年去的。（板书）

师：你是怎么去的？

生：我是坐飞机去的。（板书）

师：你是和谁一起去的？

生：我是和妹妹一起去的。（板书）

二、知识点归纳

导入结束后，我们结合板书，对知识点进行归纳。

1. 教师组织学生读板书的例句，总结"是……的"句型公式

（略）

2. "是……的"句主要是强调已经发生或完成的动作的时间、地点、方式、对象、目的等

总结公式：

（1）肯定句：Sub+（是）+时间/地点/方式/对象/目的/动作者+V+的

例句：

强调时间：他是昨天到的北京。

强调地点：我是在超市买的菜。

强调方式：我是坐飞机去的西安。

强调目的：他是来取快递的。

强调动作者：这本书是小明送来的。

（2）否定句：Sub+不是+时间/地点/方式/对象/目的/动作者+V+的

例句：他不是坐飞机去的，是坐火车去的。

　　　我不是来旅游的，我是来学汉语的。

（3）疑问句：Sub+是+时间/地点/方式/对象/目的/动作者+V+的+吗？

例句：他是星期三回来的吗？

你是骑自行车去的吗？

你们是来旅游的吗？

三、练习

讲解知识点之后，进行相应练习以及时掌握与巩固知识。

1. 交际操练

以小组为单位，用"是……的"句型互相分享假期做了哪些事情，然后给大家说一说。内容包括：姓名、地点、怎么去的、时间、和谁一起去。

例子：我叫玛丽，我是假期去的上海，我是坐飞机去的，我是和爸爸、妈妈一起去的。

2. 用"是……的"句型对画线部分进行提问并回答

例：小红开车去图书馆了。

小红是怎么去图书馆的？

小红是开车去图书馆的。

（1）我爸爸星期天去广州了。

（2）我和大卫一起看比赛。

（3）妈妈把手机送过来了。

第四节　"是……的"句型教学建议

"是……的"句型是国际汉语教学通用课程大纲中二级语法句式，是初级阶段语言学习者必须掌握的重要语法点。教师在教学中，重点讲解"是……的"中强调时间、地点和方式的表示方式。

（1）"是……的"句与表完成的"了"字句混淆。

"了"字句：我去北京了。此时听话人不知道这件事。

"是……的"句型：我是坐火车去北京的。强调听话人已知事件的部分信息。

（2）在肯定句中，"是"可以省略，否定句中"是"不可省略。

（3）无论是在肯定句中还是在否定句中，"的"都不能省略。

第五节　"是……的"句型拓展延伸题

一、思考题

1. 表示强调的"是……的"句和表示完成的"了"字句的区别是什么？

2. 除了"是……的"句表示强调外，还有什么句型也表示强调？

1、"是……的"句型研究概述

过去，对"是……的"句型的研究大体分为两种：一种是把"是……的"作为一个整体来分析，把"是……的"看成一种特殊的句型，从整体出发进行研究；另一种是单独分析"是"和"的"的语义和用法，认为这是"是"字句的特殊表现形式。本章主要分为两种：一种是表示意义重点的，强调指出动作完成的时间、地点、方式等内容；另一种是从语气角度分析"是……的"句，用来表示强调、委婉或者肯定的语气。

2. 用"是……的"句所反映的内容

（1）担心被别人误解，用"是……的"句来强调自己行为的意图。（"是……的"前出现了让说话人感觉可能被人误解的话语）如："你是生气了，还是后悔和我做朋友了？你不要这样啊，我只是和你开玩笑的!"又如："你不要离开我，我没有背叛你的意思，我和他是偶遇的!"

（2）当发现说话人的观点不正确时，用"是……的"来反驳或者是让对方注意（措辞或者是其行为）。如："那个盲人是谁啊？"——"他不是盲人！他的眼睛是战争弄伤的!"小刚反驳道。又如："你这样做不仁义啊！你要知道他是在我们最困难的时候支援我们的!"

（3）事情的结果或者事实，加"是……的"来突出事情结果发展的过程。如："那件事本来要报告给领导的，是我苦口婆心地说服他们不往上报的。"又如："第三天晚上，他就病了，是接孩子放学回来，他没爬到床上就晕倒在地上的。"

（4）原因加"是……的"，用来表示得出的一个结论。如："从人民币的贬值情况来看，经济发展是不稳定的。"又如："这些贪官嚣张跋扈，受到惩罚是应该的。"

3. 第二语言学习者应掌握的"是……的"句句法特点

（1）在"是……的"句中，如果去掉"是"，句子仍然成立，普通的句子去掉"是"，则不符合语法规则。

如：你是什么时候到的？（正确）

你什么时候到的？（正确）

但是在一般句子中：

我们是大学生。（正确）

我们大学生。（错误）

（2）强调时间、地点和方式时，"的"既可以放在句末也可放在动宾之间。

如：我们是上个星期爬的泰山=我们是上个星期爬泰山的。

我们是骑自行车来参观的颐和园=我们是骑自行车来颐和园参观的。

（3）强调目的和归类时，"的"字一般放句末。

如：我们是来玩的。（表目的）

我们是北京大学的。（归类）

三、拓展延伸

1. 教师方面

教师是课堂教学的主导者，是课堂气氛的调节者，教师在教学中有着无可替代的作用。所以，教师无论是在备课还是上课中都要做好全面的知识准备。首先，要预测学习时可能出现的偏误，然后针对偏误确立教学策略。在讲练了该句型后，学生的语言中还是出现了不符合汉语表达规范的句子，如：你每天都学习十几个小时，我觉得是辛苦的。（在本句似乎没有必要用"是……的"）但是在有些句子中该用"是……的"，学生却没用，如：我刚认识了一位帅哥，他叫王阳，一个月前我认识王阳。（结合语境就会发现这句话很别扭）。在具体教学中不仅要告诉学习者，"是……的"句的语义和用法，还要告诉他们什么时候该用，什么时候不该用，让学习者形成一个知识框架，减少偏误的出现。教师还要根据母语和目的语的共同特征，为学习者建立新知识与旧知识的横向和纵向联系，逐步对新知识产生新的理解，实现对新语言的灵活运用。

2. 教学模式

语法的教学是比较抽象和枯燥的，所以要把抽象的语法变为触手可及的现实语言。把语法教学划分为一个个零散的句子，通过句子来掌握语法，列举一系列相似的"是……的"句，然后进行总结，从而得出其语法特点及适用范围。除此之外，还要让学习者进行反复的操练，把"是……的"句放在语篇中进行，结合现实生活让"是……的"句变为日常用语，让语法不再远离我们的生活。根据学习者学习阶段的不同，采取适合学习者的学习模式，从而达到最高的学习效率。

3. 教材选择

教材是学习的方向，教材的选择对汉语教学尤为重要。教材选择应遵循趣味性、实用性、科学性、知识性的原则。以"是……的"句型为例，选用时应根据学习者学习阶段的不同，比如，学习者是初级阶段的汉语水平，选择教材时就应该格外注意教材的趣味性，在这一阶段培养学习者对汉语学习的兴趣尤为重要，这样才会产生学习动力。而且，选用的教材最好有配套的练习题，使知识更加牢固。但是有些教材中的练习不但不能帮助学习者掌握"是……的"句，还会发生新的偏误，所以在选择教材时应该好好对比，选择编写得更加科学的教材。

第五章

连动句

汉语连动句是汉语语法中的重点，也是对外汉语教学中的难点。本章总结了留学生连动句学习中的偏差和错误，进而提出有针对性的教学意见，以期提高留学生的汉语水平。

第一节 "连动句"常见偏误

一、乱序

误：他只好回家走路。

改：他只好走路回家。

二、动词漏用

误：我们都钢笔写字。

改：我们都用钢笔写字。

三、误用

误：他学习累了。

改：他学习学累了。

四、杂糅

误：朋友突然找他送了很多家乡的特产。

改：朋友突然找他，送给他很多家乡的特产。

第二节　连动句的概念及意义

一、概念

有些句子是由两个及两个以上的动词或动词词组构成谓语，几个动词结构之间没有停顿，没有关联词语，也没有分句间的逻辑关系，书面上没有逗号、顿号，并且这几个动词结构共用一个主语，它们共同叙述、描写、说明这个主语，这样的连续动词谓语句叫连动句。在现代汉语书上，连动句也叫"连谓句"。

例：我坐地铁去大雁塔。

我去超市买牛奶。

二、意义

连动句的突出特点是：句中动作施动者发出连续动作，造成一个句结构中含有两个或两个以上谓核（谓语核心）的情况。连动句的基本结构是：主语+谓语$_1$+（宾语$_1$）+谓语$_2$+（宾语$_2$）。

连动句连续动作之间主要有以下几种关系类型：

1. 表示动作的连续

表示先后或连续发生的两个或两个以上的动作或情况。后一个动作或情况发生时，前一个动作已结束。

（1）他穿上衣服拉开门跑了出去。

（2）小王去市场买了不少菜。

2. 表示动作的目的

后一个动词（短语）表示的动作行为是前一个动词表示的动作的目的。

（1）我们去医院看病。

（2）明天留学生要去南京旅游。

（3）我们开个欢送会送别即将回国的日本留学生。

并且两个谓语动词都可以带宾语。例如：

（4）同学们进城看杂技了。

（5）我们找他谈重要的事情。

3. 表示动作的方式

前一个动词（短语）表示后一个动词（短语）所表示的动作的方式（或手段、工具）。

（1）老李每天骑自行车上班。

（2）他握着我的手说："欢迎，欢迎。"

（3）我们用英语谈话。

4. 正反两个方面说明一个事实

前一个动词（短语）表示肯定的意思，后一个动词（短语）表示否定的意思，但是两个短语表示的意思一样，从正反两个方面说明一个事实。

（1）大家都站着不动。

（2）小李闭着嘴一句话不说。

5、前一个动词为"有"的连动句

前一个动词为"有"（或"没有"）的连动句，动词"有"常常同名词相结合，用在连动句谓语当前部分，表示后一动作发生的原因或条件。这种连动句有两类：

第一类：第二个动词不带宾语。第一个动词"有"的宾语，在意义上是第二个动词的受动者。

（1）解放以前，他没有饭吃，没有衣服穿，生活非常困难。

（2）你最近有电影光盘看吗？

第二类：第二个动词后带宾语。在意义上，第二个动词短语对第一个动词短语有补充说明的作用。

（1）我有理由这样做。

（2）我有几个问题要问你。

6. 动词重叠形式的连动句

连动句中有的也可以用动词重叠形式，但是一般要重叠后一个动词。例如：

（1）我上街买买东西。（√）

（2）我上上街买东西。（×）

7. 表示动作的结果的连动句

这样的连动句中，后一个动作是前一个动作的结果。

（1）他看了那封信高兴极了。

（2）他出门丢了十块钱。

8. 前后是目的和对象关系的连动句

后一个动词表示前一动词的目的，而前一动词的宾语在意义上也是后一动词的动作对象。前一动词要带宾语，后一动词一般不带宾语。例如：

（1）我倒水喝。

（2）她买衣服穿。

第三节　连动句教学过程

我们按照语法教学四个步骤走，分别是导入、讲解、练习、活动。

一、导入

问候、寒暄快速进入实际教学：

老师：同学们，早上好！大家周末都去哪儿了？

学生 A：宿舍。

学生 B：我去小寨了。

学生 C：图书馆。

……

老师：学生 B，你去哪儿了？

学生 B：我去小寨了。

老师：你怎么去小寨的？

学生 B：坐地铁。

老师：你在小寨干什么？

学生 B：我买东西。

导入语法点，板书：学生 B+去小寨+买东西。

（以同样的方式问学生 C，引出"马丁去楼下取快递""他们坐飞机回韩国"）

学生 B 去小寨买东西。

马丁去楼下取快递。　　　　　　　　（板书）

他们坐飞机回韩国。

板书：S+V1、……+V2、……

二、操练（精讲多练）

（PPT 分别展示"中国地图""食堂""图书馆""超市""操场"等。）

老师：这是哪儿？

学生：这是中国。

老师：你们来中国干什么？

学生：我们来中国学习。

老师：嗯，很好，跟我读"我们来中国学习"。

（用同样的方式引导学生说出"我去食堂吃饭""我去图书馆写作业""我去超市买东西""我去操场跑步""我去电影院看电影"，并领读一遍。）

老师：同学们，你们现在在中国吗？

学生：我们现在在中国。

老师：你们怎么来中国的？坐飞机？坐火车？

学生：飞机。坐飞机。

老师：嗯，我们可以说"我们坐飞机来中国"。

（用同样的方法引导学生说出"我坐公交车/地铁去机场""我走路来学校""我坐火车去北京""我开车去西安"。）

表演一：教师用粉笔写字/ 走到学生 C 前拍了拍她，要求学生回答相应动作；

表演二：让学生按照教师指令做动作：拿起书读起来/走到门前转弯……

表演三：让一个学生指挥另一个学生做相应动作……

三、引申（由浅入深，进一步学习连动句）

1. 连动句否定

教师：学生 C，你会写中国汉字吗？

学生：学了一点点。

教师：那你平时用毛笔写字吗？

学生：不，我不用毛笔写字，我用钢笔。

教师：某某，寒假去了哪些地方啊？

学生：我去了上海。

教师：那你肯定去南京路购物了吧？

学生：我在上海只待了一天，所以我没去南京路购物。

S+不 V1、……+V2、……

S+V1、……+不 V2、……

不同的"不"的位置带来的否定部分的区别，"不"只否定其后面的动词。例：

我不坐飞机去四川。（我去四川，但是不坐飞机，可能坐火车或者高铁。或者：我不去四川，我也不坐飞机去什么地方。）

我坐飞机不去美国。（我要坐飞机去一个地方，但是这个地方不是美国。）

我不去食堂吃饭。（我去吃饭，但是不去食堂，可能去其他地方吃饭。或者：我不去食堂，我也不吃饭。）

我去邮局不寄信。（我去邮局，但是不寄信，可能去做其他的事。）

2. S+V1、……+V2、…… ，除了目的和方式，还可以表示动作发生次序和因果关系

例句：

老师拿了书走出教室。（动作发生次序）你们吃完早饭干什么？

他下班去酒吧了。（动作发生次序）我们毕业回家了。

我们用笔写汉字。（方式）我们怎么擦黑板？

中国人用筷子吃饭。（方式）欧洲人用什么吃饭？

她看到这个消息哭了。（因果关系）你们看到 100 分的成绩会怎么样？

四、练习

老师：你们谁会画画？

学生：我会。

老师：你用什么画画？

学生：我用毛笔画画。

老师：同学们，他用毛笔画画还是用铅笔画画？

老师：同学，寒假去了哪些地方啊？

学生：我去了北京。

教师：那你肯定去北京吃烤鸭了吧？

学生：是的，我去北京吃烤鸭了。

老师：你去了北京哪些地方？

学生：我去了天安门广场、颐和园、故宫……

老师：你喜欢颐和园还是故宫？

学生：都喜欢。

五、作业

1. 看图说话

2. 补全句子

A. 小明每天走路_____。

B. 妈妈去超市_____。

C. 他跑过来_____。

D. 中国人用_____吃饭，而西方人用刀叉（吃饭）。

E. 她听到这个消息_____。

3. 判断

A. 他买东西去超市。

B. 我取快递去菜鸟驿站。

C. 我学习来西安。

4. 连一连

A. 他去文印室打印资料了。（后一动作是前一动作的目的）

B. 小王拿着行李出门了。（前后动作紧接着发生）

C. 它死死地咬住我不松口。（前后两个动作一个肯定、一个否定）

D. 我们有义务纳税。（表示具有关系，前一动词是"有/没有"）

第四节　连动句教学建议

连动句在教学中除了让学习者理解动作的前后关系，还要让学习者理解其造句顺序的一个重要规律是汉语的时间顺序原则。把握这一原则进行教学指导，简单易学，会取得事半功倍的效果。

第五节　连动句拓展延伸题

一、根据给出的词语或句子，写出连动句。

（1）小明买蜂蜜，小明冲水喝。

——答：小明买蜂蜜冲水喝。

（2）老师推开门，老师走进教室。

——答：老师推开门走进教室。

（3）上学小红去学校

——答：小红去学校上学。

（4）找吃的去厨房弟弟

——答：弟弟去厨房找吃的。

二、把下面句子变成否定形式

（1）我有力气帮你。

——答：我没有力气帮你。

（2）我去商店买东西。

——答：我不去商店买东西。

（3）我打开电脑下载电影。

——答：我没打开电脑下载电影。

（4）我有时间去跑步。

——答：我没有时间去跑步。

三、改错

（1）他来图书馆了借一本书。

——答：他来图书馆借了一本书。

（2）安妮回了宿舍睡半个小时。

——答：安妮回宿舍睡了半个小时。

（3）山本来了中国学三年汉语。

——答：山本来中国学了三年汉语。

（4）我们坐了车去展览馆参观展览。

——答：我们坐车去展览馆参观了展览。

分析：在连动句中，关于动态助词"了"的位置。若后一动词是前一动词的目的，"了"字一般要放在后一个动词的后面。

第六章

"把" 字句

第一节 "把" 字句常见偏误

本节通过对留学生偏误类型的分析，在突出应用性、趣味性的交际训练中使留学生基本掌握"把"字句这种特殊句式，明白什么情况下一定要用、什么情况下一定不能用，使用时有什么语义限制和形式特点。

一、缺少成分

误：你把这杯水喝吧。
改：你把这杯水喝完吧。

二、无定成分

误：你把一件衣服带来了吗?
改：你把这件衣服带来了吗?

三、误用

误：我每天把饭吃在餐厅里。
改：我每天在餐厅里吃饭。
误：马瑞克把中国来了三次。
改：马瑞克来了三次中国。

四、漏用

误：我放杯子到桌子上。
改：我把杯子放到桌子上。

五、错序

误：我把试题没做完就交卷了。

改：我没把试题做完就交卷了。

第二节　"把"字句的概念及意义

"把"字句是对外汉语教学的一个突出难点，但同时又是汉语中一个很重要且使用频率较高的语法项目。要突破这一教学难关，首先要从弄懂概念入手。

一、概念

"把"字句是汉语中的一种主动式动词谓语句。"把"字句具有以下特征：

1. "把"字句是一种谓语动词前置于介词"把"或"将"构成的介词短语为标志的句式

例如：

（1）你把那本词典递给我。

（2）保安将此事上报了有关领导。

2. 介词"把"或"将"的主要作用：引出受动者，即接受动作的人或事物只是动作的连带成分或者是致使的对象

例如：

（1）把照片拿给我看看。——"拿"照片——受动

（2）听到这个消息，简直把她气坏了。——致使的对象

3. "把"字句属于主动句，主语大多是动作的施动者或影响者

例如：

老师把她批评了一顿。——"老师"批评——施动

4. "把"介引的受动的性质大多是已知的，一般是确指的、类指的或肯定的，因此大多数情况下，表受动的量

例如：

（1）我把作业交上去了。

（2）那种气氛能把人逼疯。

5. 因为"把"字句所表示的特定的语法意义，对入句的动词必然产生限制

有些动词不能连带受动，或本身不能发生处置性、影响性，那么通常就不能充当"把"字句的谓语动词。不能进入"把"字句的动词类型主要有：不及物动词、趋向动词、能愿动词、判断动词、感觉类认知类动词、"有/没有"等动词。例如以下句子都不正确：

（1）把假期休息了。｜把他着想了。｜把朋友家去了。

（2）把课文会背了。｜把我属于这个班级了。

（3）把气氛感觉到了。｜把那件事知道了。

6. "把"字短语和动词之间一般不能加否定词或能愿动词

例如以下句子都不正确：

（1）我昨天晚上把作业没写完就睡了。

（2）玛莎把这个电影能看懂了。

"把"字句表示的语法意义是：动作对受动者加以处置或致使受动者受到某种影响，即通过动作使受动者或受影响者发生某种改变。因此，"把"字句在结构上对动词后的其他成分或个别类型的状语具有强制性限制，即要求动词后接有其他成分或接有特定状语，以显示其处置或影响的结果或状态。例如：

（1）把话说清楚。｜把头抬起来。

（2）把照片挂在墙上。

大多数"把"字句的语用意义是：某个确定的事物因为某个行为、动作而发生某种变化，受到某种影响，产生某种结果。例如：

（1）他把那瓶水喝完了。

确定的事物：那瓶水；行为：喝；结果：完了。

（2）他把包放到柜子里。

确定的事物：包；行为：放；结果：到柜子里。

（3）他把那瓶啤酒喝得干干净净。

确定的事物：那瓶啤酒；行为：喝；结果：干干净净。

"把"字句的传信焦点："把"字句重在说明对某个确定或肯定的人与事物的处置或影响而形成的结果、改变了的状态。因此从常规的最强信息焦点位于句末的角度来说，"把"字句通过把已知和相对已知的信息置于谓语动词之前，而把传信焦点之处让位于句末：处置或影响而形成的结果、改变了的状态。因此，从结构上看，"把"字句的谓语动词一般不能是光杆动词，之后要有其他成分——传信焦点，或者要有特定状语表现其状态。

第三节　"把"字句教学过程

一、导入

情景导入：

（1）老师（指着桌上杯子）问："这是什么?""杯子在哪?"

然后老师拿起杯子，放在桌子上，问：

"老师在做什么?"

"现在杯子在哪?"

"老师做什么了?"

回答："老师把杯子放在桌子上了。"

学生集体朗读并重复。

（2）老师拿起手机，问：

"这是什么?"

"手机在哪?"

老师将手机放进包里，问：

"现在手机在哪了？"

"老师做什么了？"

回答："老师把手机放进包里了。"

学生集体朗读并重复。

以同样方式引导出以下板书内容：

老师把笔递给他了。
我把饭吃了。　　　　　　　　　　（板书）
他把手机放进上衣口袋了。

总结出"把"字句基本形式：

主语+（把+宾语）+谓词性词语

二、句型扩展

通过提问、对话，复习掌握"把"字句句型结构，并逐步拓展，熟练运用。

（1）老师把门打开了。／我把饭吃了。

第一类：把+宾语+动词 + 了（着）

（2）我把地扫一扫。／我把黑板擦一擦。

第二类：动词重叠

（3）我看了两遍书。让学生进行修改："我把书看了两遍了。"

第三类：动词+动量（时量）宾语

（4）老师把书拿到窗台上。

第四类：动词是动结式、动趋式。

（5）老师把画挂在墙上。／老师把书放在桌子上。

第五类：动词+介词短语

（6）把书给我。

第六类：动词 + 人称代词

三、操练（精讲多练）

1. 看图说句子 （略）

2. 做游戏"你说我做"

同学在学习用具中挑一件物品来说出"把"字句指令，让另外一个同学按指令做动作。

（教师示范）指令："学生 A，请把书递给我。"

教师问："学生 A 做什么了？"

学生答："学生 A 把书递给老师了。"

两两进行游戏操练。

四、引申

（1）引申"把"字句否定形式，引导出：

"老师把书放在桌子上了。"

"老师把包挂在门上了。"

"老师没把包放在桌子上。"

（2）总结："S+（没）把东西/人+V 在+地方"

五、作业

1. 看图说话（图 6-1）

图 6-1

2. 整理句子

（1）书把了扔掉我

（2）你一说的想法说把

（3）借吗字典能把我

3. 看视频回答问题（提前准备问题，略）

第四节 "把"字句教学建议

一、对"把"字句构句模式的认知和理解

"把"字句教学首先得让学习者认知和理解"把"字句的基本结构模式，即：

S+把 NP+V+其他

尽量用简明和学生容易接受的形式列出"把"字句的基本结构，然后举例：

（刮风了），你把窗户关上吧。

我把那本小说看完了。

二、强调"把"字宾语的类型

（1）主要是确定性的——现场确指或指前所指的。例如：

①小王已经把钥匙取走了。——（听与说双方都知道指哪把钥匙）

②把词典递给我。——（在语境中说话人有指示，听话人也知道所指）

③把这（那）支笔给她吧。——（用"这/那"确指）

（2）类指的，相当于确指，人人所知。例如：

①救援官兵把政府的关怀送到每一个灾民心中。

②把知识学到手才有为人民服务的本领。

同时要强调的是，以上类型的"把"字句宾语前一概不用数量形式。

（3）有所指的，有前定，说话人具体有所指，不是任意的。例如：

① 把好好的一件衣服给烧个大窟窿。——（说方有所指是哪件具体的衣服）

② 她今天上街，把一个老太太给撞倒了。——（具体所指被撞倒的那个老太太）

要理解为什么要用"把"字把宾语提至谓语动词前——是因为它是已知的信息。

三、强调谓语动词后的其他成分——具有强制性

要让学习者理解这个成分正是选用该句式进行表达的信息焦点——未知信息，绝大多数"把"字句缺少这个部分都是错误的。这个部分的主要类型有：

（1）把电脑检查了一遍。——（数量补语）

（2）把快递取回来了。——（趋向补语）

（3）把我累坏了。——（程度补语）

（4）把他脸气得涨红。——（情态补语）

（5）把母亲的话记在了心里。——（介词短语补语）

（6）她把任务都交给我了。——（宾语）

（7）把作业交了。——（助词）

（8）把事情说清楚了。——（结果补语）

总之，谓语动词后的主要类型是各类补语；后接宾语的很少，主要是少量授受类动词；接助词类型的也很少，很受限制。能接助词"着"的，一定是描写状态的，而且要有特定状语；能接助词"了"的，动词一般具有分离义，"动+了"结合，能表现被处置事物的分离或消失等意义。例如：把毛衣脱了。｜把票撕了。｜把饭全吃了。｜把东西都扔了。

四、"把"字句的基本结构式主要应用于两种场合

一是实际的可感受的场合，用于祈使句的类型。这种场合，由于被处置事物都是可见的，配合体态，很容易确定所要处置的事物；祈使句又属于要求对方做事的句类，把事物做成什么样也很容易实现，所以可将这种类型作为"把"字句应用教学的切入点展开教学。这种教学可以充分利用实际环境条件来进行。

比如：请大家把书打开。｜把书翻到第38页。｜把书放到桌子上。

构成句子后，一定逐一让学习者看到哪个是被确定的事物，它们被处置后改变成的样子。然后，教师可以让学习者模仿老师的样子，相互之间利用"把"字句进行请求功能表达运用的实际练习。

二是用于叙述。为了让学习者感受到被确定的事物，可以采用图片模式展开应用教学。例如提供的图片可有：某人打开窗户的样子；擦玻璃，玻璃很亮的样子；花盆在地上被人移向窗台的样子；桌子上有很多书，人往书柜里摆放的样子；杯子掉到地上摔碎的样子；等等。让学习者利用"把"字句进行描述。当然也可以用上下文方式确定处置对象。例如：

听说你上周去旅游了，是吗？——是啊，去了好几个地方。

照照片了吗？——当然，照了很多。

那把你照的照片拿给我看看好吗？（要照片看）

教学中让学习者了解不同的语境及句类选用，注意更多地进行实际运用。

第五节　"把"字句拓展延伸题

一、思考题

为什么用"把"字句？

二、拓展延伸

运用"把"字句受到限制的条件：

（1）动词要有"处置"的意思，动词对受动者要有积极影响，这类动词常是表示强烈动作的动词。

例如："我知道它的名字。"——（×）我把它的名字知道。

说明：以下动词不能做"把"字句的谓语动词：

①不能带任何宾语的不及物动词，如：旅行、旅游、游泳、跳舞、合作、结婚、睡觉、吃饭等。（intransitive verbs which cannot be followed by any object，such as...）

②某些表示判断、状态的动词，如：有、是、像、在、存在（some of the verbs of judgment or state，such as...）

③某些表示心理活动或感官的动词，如：知道、同意、觉得、希望、渴望、期望、喜欢、爱、要求、看见、听见、学习。（some of the verbs of expressing mentality or senses，such as...）

④某些表示趋向的动词，如：上、下、进、出、回、到、过、起……（some of the directional verbs，such as... etc.）

（2）"把"字引出的对象必须是确指的，不定指的宾语句子不能变成"把"字句。例如：

①把书拿来。——"书"是确定的某本或某些书。

②（×）把一些书拿来。——改为：把这些书拿来。

（3）"把"字句中动词前后总有别的成分，一般不能只用一个单独的动词，至少要带上动态助词（了、着、过）或是动词带的补语、宾语，或是动词前的状语。例如：

①把茶喝（了）。

②把话说了（一遍）。

③把地种上庄稼。

④把脏水（到处）泼。

（4）情态动词、否定词，只能放于"把"字前。例如：

①我没有把这件事告诉他。——（×）我把这件事没有告诉他。

②我可以把钱给你。——（×）我把钱可以给你。

第七章

被动句

第一节　被动句常见偏误

被动句是汉语中一种特殊的动词谓语句，无论在结构上、语用上，还是语义上，它都是一种十分复杂的句式。与其他语言的被动形式相比较，它有许多独特之处。因此，被动句历来是外国留学生学习汉语的一个突出难点，出现的偏误不仅数量大，而且类型多。

一、缺漏

1. 缺少"被"字
误：环境破坏了，这对我们不利。
改：环境被破坏了，这对我们不利。
2. 缺少动词（欧美学生偏误）
误：我的狗被死了。
改：我的狗被咬死了。
3. 缺少补语
误：钱快用了。
改：钱快用完了。

二、误加

误：运动会星期二被举行。
改：运动会在星期二举行。
误：这个问题需要被我们重视。
改：这个问题需要我们重视。

三、误用

1. 不能用"被"字句的动词误用在"被"字句中
误：她每天都是第一个来教室，被我们算是个勤奋。
改：她每天都是第一个来教室，我们都觉得她很勤奋。
误：这本书被读完了。
改：这本书读完了。

2. 有的动词在某种句子结构中不能构成"被"字句而误用
误：他很喜欢帮助别人，所以被大家喜爱。
改：他很喜欢帮助别人，所以受到大家的喜爱。

3. "是……的"句型误用"被"字句（欧美学生偏误）
误：这个作业是被张老师布置的。
改：这个作业是张老师布置的。

4. "由"字句误用"被"字句（欧美学生偏误）
误：这个办法是被汉娜同学提出的。
改：这个办法是由汉娜同学提出的。

5. 被动的动词误用主动句
误：你乐于助人的精神值得你得到称赞。
改：你乐于助人的精神应该受到称赞。

6. 动词误用
误：因为工作不积极，我的朋友被辞职了。
改：因为工作不积极，我的朋友被辞退了。

7. "被"误用"让"
误：这个房间让你打扫了，现在很干净。
改：这个房间被你打扫了，现在很干净。

四、错序

误：风被树叶吹走了。
改：树叶被风吹走了。
误：他被爸爸打了一顿昨天。
改：他昨天被爸爸打了一顿。
误：我被老师没批评。
改：我没被老师批评。

五、杂糅

误：他被老师很受喜爱。
改：他很受老师的喜爱。

第二节 被动句的概念及类型

本节通过列举句型和例子，将被动句概念及类型进行整理归纳，方便理解与教学。

一、概念

被动句是指主语与谓语之间的关系是被动关系，主语是谓语动词所表示的行为的被动者、受动者，表示被动意义的句子。

二、类型及结构特点

汉语的被动句按有无被动形式标志可以分为两类：

一类是意义被动句、概念被动句，如："小李吃完了。""饭吃完了。"

另一类是"被"字句，即在谓语动词前面，用介词"被"（给、叫、让）引出施动者或单用"被"字的被动句。

（1）意义、概念上的被动句一般呈现的形式为：

主语（S受动者）+动词（V）+其他成分

例如：饭吃完了。

　　　路灯关了。

　　　我的电脑丢了。

注意：意义、概念上的被动句的主语（S）一般是确指的人或物；此类被动句中的受动者主语句可以做定语。

例如：我的电脑丢失的事情已经解决了。

（2）"被"字句一般呈现的形式为：

主语（S受动者）+被（叫/让）+（施动者）+动词（V）+其他成分

例如：我的汽车被李先生开走了。

　　　我被老师批评了。

　　　这个问题已经让她很快地解决了。

　　　蛋糕早就让我吃光了。

　　　这本小说没叫人借走。

①主语（S受动者）+被+施动者+动词（V）。

例如：衣服被妈妈洗干净了。

②主语（S受动者）+被+动词（V）。

例如：运动会被取消了。

③主语（S受动者）+被+施动者+所+动词（V）

例如：我们不能被环境（所）影响。

　　　创新教育为各大高校所重视。

　　　成功是很多因素所决定的

注意："被……所"常适用于书面语中，有的时候也可以使用"为……所"式或"由……所"式和"受……所"式，后面的动词多为多音节。

④主语（S受动者）+被+施动者+给+动词（V）。

例如：我的汉语书被他给拿走了。

⑤"被……把"式。

例如：他被蜜蜂把一只眼睛给蜇了。（注意："他"和"一只眼睛"都是受动者，两者是领属关系）

他不在公司，老板把他派去上海了。（注意："他"和"他"是同一对象的关系）

三、"被"字句所受的限制

1. 必须用"被"字句的情况

（1）表示施动和受动的双重功能，当其强调受动者是在施动者的某个动作之后才产生某种变化性结果时，必须用"被"字句，例如："卖、买、吃、喝、放、开、写、贴、藏、种、用、丢"类动词；

但表示施动的一种功能时，不用"被"字句，例如："属于、举行、表演、表白、表示、采取、喜欢、觉得"类动词。

（2）动词表示的动作可以使受动者受到损害时，必须使用"被"字句，例如："打、骂、罚、杀、撞、害、抓、骗、批评、批判、处分、逮捕"类动词。

（3）动词所表示的动作可以使受动者得到益处时，必须使用"被"字句，例如："表扬、提拔、接见、照顾、保护、任用、推荐"类动词。

（4）动作是对受动者的认定与评价时，必须使用"被"字句，例如："认为、评（为）、定（为）、选（为）、看作、看成、命名（为）"类动词。

（5）不及物动词一般不能单独出现在"被"字句中，例如"死、坏、醉、碎"等动词。它们只能以动词补语的形式出现在"被"字句中，例如：老鼠被猫咬死了。

（6）"被"字句的谓语动词部分一般不是单个的动词，最常见的是带表示动作结果的补语，例如：她被老师批评哭了。

（注："被"字句中的谓语有时要带助词、助动词或者其他补语等成分，例如：我被老师批评过；乱丢垃圾，要被罚款的；因为做错事，她被妈妈说了一个小时）

（7）表示受动者遭受了不希望出现的损害、不如意，一般用于"被+N+V+了"结构中，例如："吃、喝、卖、丢、忘"等消失、失去类动词；"打、害、杀、骗、毁、坑、甩、罚、整、开除、处分、批评"等受损类动词。

（8）主要强调受动者是在施动者或外界施加的动作、影响之下才出现了后面如意的结果时，用"被"字句，例如："说服、解决、消灭、忘记、遗忘、表扬、提拔、感动"等动词。

2. "被"字句的其他限制情况

（1）当说话者要强调的是动作的结果而不是动作的施动者时，"被"后面的施动宾语一般都会被省略，例如：看到他做的事情，我被感动了。

（2）"被"字句的施动宾语，在紧接其后的句中做施动主语时，"被"后的宾语必须省略，例如：教室门被推开了，老师走了进来。

（3）"被"后的施动宾语是新出现的情况（新信息），省略了就会语义不明，在这样的情况下，一般是不能省略的，例如：来到中国以后，他被中国的美食吸引了。

（4）在"被……+V+为/成/作……"结构中，"被"字短语后面的谓语动词必须带宾语，例如：李老师被选为优秀教师。

（5）"被"还可以构成"被……所……"，"所"后一般要用双音节动词，例如："感动、吸引、迷惑、了解、理解、承认、认识、熟悉、接受、采纳、关注"等精神感知、接受类动词；"掌握、控制、垄断"等控制类动词。

3. "受到、遭到、挨"等"遭受"类动词表示被动意义

（1）"遭受"类动词带上动词宾语，表示"遭受或被动地接受什么"，采用的词汇手段表现被动意义。在句法上，"遭受"类动词后的动词不以动补短语的形式出现，例如：

误：他受到老师批评哭了。

改：他被老师批评哭了。

（2）"遭受"类动词后，同样的动词必须单独出现，例如：

误：上学的时候，他常常被批被罚。

改：上学的时候，他常常挨批挨罚。

（3）"遭受"类动词后可以加"损失、挫折、失败"等不及物动词。

（4）"遭受"类动词可以与"使"字、"有"字兼语句构成套句，例如：

这次暴风雪使人们的生活受到严重影响。

我不希望学生中有人受到伤害。

第三节 被动句教学过程

一、导入

复习以前所学，结合板书导入新课：

（1）教师在黑板上写出之前学习过的"把"字句的一般结构形式：

A+把+B+V+（了）

（2）让学生参照"把"字句结构形式造句。

（3）教师将学生所造的"把"字句改成"被"动句并在黑板上或PPT上给出"被"动句的一般结构形式：A+被+B+V+（了），引出被动句的教学。

二、被动句知识点讲解

（1）介绍黑板上展示的被动句结构是其中的一种结构类型。

（2）用PPT依次展示以下两张图片并给出例句。（图7-1、图7-2）

图7-1 老鼠被猫追

图 7-2　米饭被我吃完了

三、教师再次展示出结构形式

教师再次展示出结构形式：A+被+B+V+（了），让学生根据结构形式造句。

四、根据学生所造句子的实际情况进行纠错和讲解

教师解释：在"A+被+B+V+（了）"中，A 代表受动者，B 代表施动者。此处可与"A+把+B+V+（了）"里的 A 和 B 进行比较教学，让学生清楚两种句式的不同并准确掌握其用法。

五、练习

请将下面的"把"字句改成"被"字句（巩固练习）：

（1）我把电脑关了。——电脑被我关了。

（2）小狗把肉吃了。——肉被小狗吃了。

（3）妈妈把我的书丢了。——我的书被妈妈丢了。

六、讲解"被"字句的其他形式

在黑板或 PPT 上展示例句和结构形式：主语（S 受动者）+被+施动者+所+V 即 A+被+B+所+V（注：此处的讲解一般会出现在中级汉语水平教学中，要把握好分级阶段教学技巧）。例：

我们不能被环境（所）影响。

教育为很多家庭所重视。

七、造句和纠错

（略）

八、拓展例句

（1）"A+被+B+V+（了）"中的"被"有的时候可以换成"让、叫"，例如：

米饭让你吃完了。

米饭叫你吃完了。

（2）"A+被+B+所+V"中的"被……所"有的时候可以换成"由……所、受……所、为……所"（注：此处的拓展一般出现在中级汉语水平教学中）。例如：

我们不能受环境（所）影响。

九、拓展被动句的另一种类型即意义、概念上的被动句

在黑板上展示例句和结构形式"主语（S受动者）+动词（V）+其他成分"（参考第二节内容，这样的拓展一般出现在初级下或中级的汉语水平教学中）。例如：

饭吃完了。

路灯关了。

我的电脑丢了。

注：此处需要给学生说明意义、概念上的被动句的主语（S）一般是确指的人或物；另外，此类被动句中的受动者主语句可以做定语，例如：

我的电脑丢失的事情已经解决了。

十、将以下的词语组成句子

此处的练习要针对不同阶段所讲的被动句进行操练。

（1）树、风、被、了、刮、倒——树被风刮倒了。

（2）让、我的书、妈妈、丢、了——我的书让妈妈丢了。

（3）你的勇敢、我、为……所、感动——我为你的勇敢所感动。

（4）天气、受……所、我的心情、影响——我的心情受天气所影响。

十一、作业

让学生根据所学的被动句两种结构形式，每一种结构形式完成 10 个造句，下节课安排学生互相进行批改（检验学生对于被动句的掌握情况并进行知识的巩固）。

注：以上教学过程中没有出现被动句各种限制情况的讲解。需要提醒的是，在被动句的教学中，教师可以根据分阶段教学中的不同课堂实际情况适当地加入或拓展，保证学生对知识点的循序渐进的理解和掌握。

第四节　被动句教学建议

（1）教师需要归类留学生被动句偏误类型，熟知各国留学生学习被动句的特点，在课堂中有针对性地讲解和提问。

（2）教师要对被动句的概念意义、类型、结构以及被动句的特殊情况提前做好知识的梳理并针对不同等级的汉语课堂采取不同的教学目标。

（3）被动句是汉语教学中极其重要的语法点，它贯穿于汉语教学的不同阶段。教师需要采用分阶段教学的方式，坚持先易后难、由浅入深的原则。因此"被"字句可以放在初级阶段教学中，意义被动句可以放在中级阶段教学中。

（4）在"被"字句的教学中，教师应将重点放在"被"字句的语用功能中，在初级阶段教学中需要突出它的语用功能。课堂教学中，教师可按照典型语用功能、一般语用功能、特殊语用功能这样的顺序进行讲解。

（5）教师在讲解"被"字句的句法结构时，可以遵循从简单到复杂、从基本格式到变化格式的原则；在讲解其语义时，可以先从典型语义成分进行分析再到非典型语

义成分。在初级阶段，教师可以教授典型语义和基本格式即"被"构成的被动句，中级阶段教授"叫、让"被动句、"遭受"类动词和带有被动意义的句式，这样可以降低留学生的学习难度，促进留学生对汉语被动句的学习；与此同时，可以将中级阶段的被动句类型与"被"字句在结构上和意义上进行比较，避免混淆。

（6）教师在整个教学环节中要适度地进行主动句和被动句的替换练习，在练习中要以交际练习为主。教师要利用和创造交际环境，突出被动句的语用功能，使留学生真正掌握被动句的用法。

第五节　被动句拓展延伸题

一、思考题

1. 被动句的结构特点有哪些？
2. 被动句的语用功能有哪些？

二、课外材料补充

"被"字句是指谓语动词前，用介词"被（给、叫、让）"引出施动者或单用"被"字的被动句。在书面语中，用"被……所""为……所"的文言固定格式表示。凡句中没有"被"之类特定虚词的被动句不在"被"字句分析之列。例如：

（1）衣服被雨淋湿了。
（2）我被他诚恳的言辞打动了。
（3）他让坏人给骗了。
（4）弟弟不想叫蜜蜂（给）蛰了一下。
（5）书给他拿走了。
（6）他的心灵第一次被震撼了。
（7）晚会被取消了。
（8）一切困难都将被中国人民（所）战胜。
（9）新的软件系统为广大用户所关注。
（10）他曾经为情所困。

"被"字句是一种特殊的被动句，"被"字句的主语是动作行为的受动者。一般来说，介词"被"后的动作施动者可以省去。如例（6）（7）；口语中，用介词"给""叫""让"等代替"被"字表示被动后的动作施动者不可省，如例（3）（4）（5）；用"被……所""为……所"的固定格式表示被动，是古汉语的遗留形式，一般只在书面语中使用，如例（8）（9）（10）。

三、拓展延伸

请同学们自己设置一个情景，用3~5个句子描述一下在这个情景里会发生什么，同时预习下一课。

第八章

比较句

第一节　比较句常见偏误

在对外汉语初级教学中，比较句既是重点又是难点。因此，在教学中，教师要考虑到学习者的个体差异，分析初级学习者常犯的语法错误，有针对性地提出纠错方法，循序渐进，以达到学以致用的目的。

一、缺漏

1. 缺少强调程度的指示代词
误：我的书包有你的书包大。（欧美留学生）
改：我的书包有你的书包这么大。
误：今天气温有昨天低。（欧美留学生）
改：今天气温有昨天那么低。

2. 缺少相关成分
误：我的自行车比他新。
改：我的自行车比他的新。
误：他的方法别人不一样。（日韩留学生）
改：他的方法跟别人不一样。
误：他学了很多年的汉语，比你词汇量更多。
改：他学了很多年的汉语，比起你来，词汇量更多。

二、误加

1. 误加程度副词
误：他比我非常开心。（欧美留学生）
改：他比我开心。
误：今天天气比昨天天气比较好。

改：今天天气比昨天天气好。

2. 否定时误在形容词前加"不"

误：你做的饭比他不好。

改：你做的饭没有他做得好。

误：你比我不聪明。

改：你没有我聪明。

3. 形容词后误加补语或其他成分

误：我没有我妈妈高一点儿。

改：我没有我妈妈高。

误：这双鞋子不如那双鞋子便宜10块钱。

改：这双鞋子不如那双鞋子便宜。

注：在"不如……"的句式中，形容词后面不加具体数字。

三、误用

1. 误用指示代词

误：你去年的头发没有今年那么长。

改：你去年的头发没有今年这么长。（注：例句中说到的是"现在"的情况并且离说话者较近，应该用"这么"）

2. 比较句几种句式混用

误：我家的狗有你家的大一点儿。（欧美留学生）

改：我家的狗比你家的大一点儿。

误：你今年身高有去年一样高。（日韩留学生）

改：你今年身高跟去年一样高。

3. 误用"比"字短语

误：从周一到周五，比起来周一最忙。

改：我觉得从周一到周五，周一最忙。

四、错序

误：她爱吃面比我。

改：她比我更爱吃面。

误：我学汉语比你2年多。

改：我学汉语比你多2年。

误：我喜欢学汉语，跟我朋友也一样。

改：我喜欢学汉语，我朋友跟我一样。

五、杂糅

误：我的自行车比我姐姐的不一样。

改：我的自行车跟我姐姐的不一样。

注："一样"句只表示两种事物的相同之处或不同之处，不表示程度上的差异，"比"字句表示的是差别以及差别的程度，所以比较词"比"和"一样"不能同时出

现在同一个句中。

误：我的衣服跟他的一样那么好看。

改：我的衣服跟他的一样好看。/我的衣服有他的那么好看。

注："一样"句与"有"字句杂糅时，改正的时候只需要选择其中任意一种句式即可。

误：学汉语比学日语差不多，一开始都要学很多语法。

改：学汉语跟学日语差不多，一开始都要学很多语法。

第二节　比较句的概念及类型

由于比较句主要出现在初级学习阶段，所以，比较句的教学不宜过难，先从基本概念入手，主要讲授常见类型的使用方法。

一、概念

比较句是用来表示比较不同人或事物在性状、程度上的差别的句子。

二、类型及结构特点

1. "比"字比较句

"比"字句是汉语比较句中常用的句式之一。它比较的是两种不同的事物或者同一种事物在不同的限定条件下的差别。"比"字句用"比+被比较的人或事物"组成介词结构，放在谓语前做状语，用来比较两种不同事物或人在性质、数量、程度上的差异。"比"字句的基本形式是：

（1）名词/代词（N./Pron.）+比+名词/代词（N./Pron.）……

名词/代词（N./Pron.）+比+名词/代词（N./Pron.）+形容词（Adj.）

例如：她比我高。

我的头发比你的长。

注：形容词前不能用程度副词"非常、很、真"等；若强调程度，可以在形容词前用"更、还"。

（2）名词/代词（N./Pron.）+比+名词/代词（N./Pron.）+动词（V）+宾语（O）

例如：

李老师比张老师喜欢跳舞。

她比我更喜欢中国。

他比我有头脑。

注：此结构中若强调程度，可以在动词前面用"更""还"；此结构中，动词一般是少数表示心理活动的动词或"有+抽象名词（abstract noun）"。

特殊例句：她对中国的情况比我更熟悉。（注：若在"比"前有带介词的短语，那么"比"后只用表示人的代词或名词）

（3）名词/代词（N./Pron.）+比+名词/代词（N./Pron.）+助动词（Auxil. v.）

+动词（V）+宾语（O）

例如：他的哥哥比他能喝酒。姐姐比妹妹还会花钱。

注：此结构中若要强调程度，可以在助动词前用"更""还"。

（4）名词/代词（N. /Pron.）+比+名词/代词（N. /Pron.）+动词（V）+得+状态补语（State complement）

例如：我比你唱得好听。

（5）名词/代词（N. /Pron.）+动词（V）+得+比+名词/代词（N. /Pron.）+状态补语（State complement）

例如：我唱得比你好听

（6）特殊例句：她的歌比你唱得好听。

注：①若是两个受动者之间的比较，一般用这样的省略形式。②此结构中若要强调程度，可以在补语形容词前加上"更""还"。

（7）"比"字句否定结构形式

A. 表示"不及"意义时，用"没有"比较句（注：参考下面"没有"比较句）；

B. 表示"相同"意义时，用"不比"。

注："不比"句对表示比较结果的形容词的积极、消极色彩没有选择。而"没有"句中表示比较结果的形容词一般使用带有积极色彩的词语。

2. "有""没有"比较句

（1）名词/代词/主谓短语（N. /Pron. /Subject-predicate phrase）+没有+名词/代词（N. /Pron.）+（这么/那么）+形容词（Adj.）

例如：

我的口语没有她好。

西安的冬天没有北京那么冷。

她唱得没有我好听。

日语写作没有汉语写作这么难。

注：此结构表示实物或人在性质、数量方面相比后，前项不如后项；此结构还可以用"不如"比较句。

特殊例句：我的口语不如她好。

（2）名词/代词（N. /Pron.）+有+名词/代词（N. /Pron.）+这么/那么+形容词（Adj.）

例如：她女儿有你这么高。

注：①在日常交际中，"没有"结构比"有"结构用得多。

②疑问形式是"有没有……"。例如：她女儿有没有你这么高？

3. "跟……一样"比较句

（1）名词/代词（N. /Pron.）+跟+名词/代词（N. /Pron.）+一样

例如：我的爱好跟你一样。

（2）名词/代词（N. /Pron.）+跟+名词/代词（N. /Pron.）+一样+形容词（Adj.）

例如：这个学校跟那个学校一样大。

（3）名词/代词（N. /Pron.）+跟+名词/代词（N. /Pron.）+一样+心理动词（喜欢、担心、爱、希望……）

例如：我妹妹跟我一样喜欢跳舞。

注：①疑问形式："跟……一样不一样"。例如：你的衣服跟他的一样不一样？

②此类比较句结构可以在句中做状语、定语、补语。

例如：他的汉语说得跟老师一样。（做补语）

我喜欢穿跟你一样的衣服。（做定语）

4. "像"字比较句

名词/代词（N. /Pron.）+像+名词/代词（N. /Pron.）+一样+（形容词）（Adj.）

例如：你像你妈妈一样漂亮。

注：①此类比较句结构可以在形容词前加上"这样""那样"。

例如：我希望你像哥哥那样优秀。

②此类比较句结构常可做主谓谓语句的主语或假设复句的前一分句。

例如：我的汉语能说得像你这样好就太好了。

③"像……一样"结构有时可以用做比拟句，"像"即为"好像"；后面也常可用"似的"。

例如：

你的脸蛋像小苹果一样。

你汉语说得非常好，像中国人似的。

5. 比较短语用于句首的比较句

（1）"比起……来"

例如：

比起你来，我更喜欢中国。

比起春天来，夏天空气更好。

（2）"跟……相比"

例如：

跟北京相比，西安的天气更热一些。

跟马丁的汉语相比，尤克的汉语好多了。

（3）"跟……比起来"

例如：跟国外的大学生比起来，国内的大学生更忙一些。

6. 表示明确差别的比较句

（1）名词/代词（N. /Pron.）+比+名词/代词（N. /Pron.）+形容词/助词（Adj. /Auxil. v.）+数量词

例如：我比他小两岁。

注：①此类结构的疑问句形式为：名词/代词（N. /Pron.）+比+名词/代词（N. /Pron.）+形容词/助词（Adj. / Auxil. v.）+多少/几……

例如：他比你大几岁？

②此类结构明确的是两个事物之间的具体差异。

（2）名词/代词（N. /Pron.）+比+名词/代词（N. /Pron.）+形容词/助词（Adj. /Auxil. v.）+一点儿/一些

例如：我的年龄比你大一点儿。

注：此类结构表示差别不是很大。

（3）表示差别很大的结构形式：

①名词/代词（N. /Pron.）+比+名词/代词（N. /Pron.）+形容词（Adj.）+得多/多了。

例如：北京比西安干燥得多。

②名词/代词（N. /Pron.）+比+名词/代词（N. /Pron.）+助词（Auxil. v.）+V+得多/多了。

例如：你的哥哥比你能吃多了。

③名词/代词（N. /Pron.）+比+名词/代词（N. /Pron.）+有了+形容词（Adj.）+宾语（O）

例如：现在的中国比起十年前有了很大的变化。

注：如果是同一类人或事物进行比较，用"得多""多了"意义相差不大，如果是同类人或事物与以前的情况相比，一般只能用"多了"。

第三节　比较句教学过程

一、导入

结合图片，情景导入

（1）教师使用PPT展示图8-1：

图8-1

（2）教师鼓励学生说一说图片中的内容（苹果的大小、苹果的颜色……）。

（3）教师在黑板上写出句子：这个苹果比那个苹果大。

（4）教师给出比较句的简单常用结构形式：A+比+B+ Adj. 并向学生解释这只是汉语比较句的其中一种结构形式（比字句）。

（5）教师鼓励学生参照以上的结构造句，让每一位学生都参与其中。

二、讲解比较句的知识点

注：在讲解比较句知识点时需要采用分阶段教学法并且要在本节课学习的基础上根据课堂学生的掌握情况适当地拓展、延伸其他比较句结构，注意在一节课的教学设计中不要涉及过多的语法点。

教师在黑板上展示比较句的结构形式并给出例句，然后让学生参照所展示的例句进行造句。（教师参照第二节的比较句类型及结构特点）

A+比+B+V+O

李老师比张老师喜欢跳舞。

三、练习与辅导

教师向学生解释比较句结构中，动词前面不能用"非常""很"等程度副词，可以用"更""还"，让学生进行造句（检查学生对于此结构的掌握程度，避免在比较句中出现错误）。

教师引导学生尝试将此结构形式换成否定形式，对学生进行提问（拓展学生本节比较句的其他知识点）。根据学生所回答的情况，教师在黑板上写出比较句的以下否定形式并针对每一个否定形式进行解释（此处参照第二节）：

A+不比+B+Adj.

A+不比+B+V+O

A+没有+B+Adj.

A+没有+B+V+O

鼓励学生参照以上所讲的两个比较句结构形式和其相对应的否定形式进行造句（检查学生对以上知识点的掌握程度，并做到及时纠正）。

鼓励学生用已学过的比较句结构开展话题"我和我的朋友"（通过此话题练习，巩固已学过的比较句知识点，教师根据每位学生表达情况进行适时纠正）。

四、作业

让学生课后对本节课学过的结构形式造句，下节课将所造的句子读给其他学生听，要求其他学生对其出现的错误进行改正。

注：比较句的教学一般在汉语学习的初级阶段就开始出现，以上教学过程中所出现的结构在初级阶段教学中常见，因此以其作为教学过程的典型案例。但比较句还有其他不同结构形式，它们贯穿于汉语教学的初、中、高三个等级，因此在汉语教学过程中要遵循分阶段教学、由简入难、循序渐进的原则。以上教学过程可供其他比较句结构形式教学参考。

第四节　比较句教学建议

（1）教师需要归类留学生比较句偏误类型，熟知各国留学生学习比较句的特点，在课堂中有针对性地讲解和提问。

（2）教师要对比较句的概念意义、类型、结构以及比较句的特殊情况提前做好知识的梳理并针对不同等级的汉语课堂采取不同的教学目标，采用分阶段教学模式。

（3）在比较句的讲解过程中，尤其在中、高级教学阶段，教师需要让留学生对中国文化有深入了解。在课堂教学中，建议使用多媒体教学，准备简易的中国传统文化影片进行教学展示，让学生通过影片了解中国文化，促进比较句的教学。

（4）教师应注重培养留学生的中国式思维去思考并组织语言，在使用比较句时更加符合中式习惯。建议加强留学生比较句语段、语篇的训练并将比较句运用到实际生活中去。在比较句的教学中，对留学生进行多角度、多层次的训练，掌握并了解比较句的各种结构形式和特点，使留学生在生活中感受中式的表达思维，促进比较句的正确表达。

在比较句的教学中，教师需要帮助留学生克服母语在学习比较句中的消极影响。当留学生在学习和使用比较句中碰到中西语言文化表达差异时，教师应该及时提醒，帮助留学生思考记忆，加强对汉语比较句型的掌握。

第五节　比较句拓展延伸题

一、思考题

1. "比"字句特征有哪些？并举例说明。
2. "比"字句的对外汉语教学中应注意什么？

二、课外补充材料

1. "比"字句语义层面含义

从语义上看，"比"字句包含六个成分：比较主体、比较客体、比较点、比较词"比"字、比较属性和比较量差。六成分中，比较主体（记作 X）和比较客体（记作 Y）称为比较对象，比较属性和比较量差组成比较结果项（记作 Z）。

马真（1986）研究了"比"字句内"比较项 Y"的替换规律。她重点谈现代汉语中的一种"比"字句 N1 的 N+比+N2 的 N+VP（N 表示名词性成分，VP 表示谓词性成分）。例如：①他的马比你的马跑得快。②他的脾气比你的脾气好。③他的马比你的马多。④他的父亲比你的父亲健谈。这种"比"字句中的比较项"N2 的 N"，有的只能为"N2 的"替换，如例①；有的则不能为"N2 的"替换，只能为 N2 替换，如例②；有的既能为"N2 的"替换，也能为 N2 替换，如例③；有的既不能为"N2 的"替换，也不能为 N2 替换，如例④。造成种种不同替换的因素有 5 个：①N1/N2 跟 N 的语义关系；②NI/N2 及 N 的性质；③VP 的情况；④社会心理；⑤句子重音。其中因素③④⑤对替换的影响只是局部的，而因素①②对替换的影响则是全局的。

2. "比"字句语用层面含义

王媛（2010）对"比"字句的预设进行分析，认为首先，简单"比"字句通常都有存在预设和事实预设，这是"比"字句所能触发的最基本的预设。因为"比"的作用是界定比较对象，即人与事。它的这种作用必然会引起相应的存在预设或事实预设。其次，性质（或程度）预设不是"比"字句必然引起的预设。简单"比"字句中这类预设的触发受到很多条件的限制：一是比较结果（W）要有主观评价性；二是 W 和 Y（D）的感情色彩不能抵触；三是性质（或程度）预设有双向选择的可能性和交际中的心理倾向性。而"更"类程度副词对性质（或程度）预设的触发则是绝对的，并且是正向的。最后，影响"比"字句预设分析的主要是 Y、D、W 的性质和相互之间的关系。

周小兵（1994）对"比"字句否定式的语用也进行了分析。他将"比"字句否定式分为四类：①A+不+比+B+VP；②A+不+比+B+VP+数量；③A+比+B+不+VP；④A+

比+B+VP+不+数量。根据分析，他认为①式不是一般的句子否定，而是话语否认，其特点是：A. 从功能上看，是用来否认或反驳别人的话语；B. 从形式上看，要受语境的限制，很少单独成句，一般用于后续句，不用于始发句。说话人发出①句式时，一般都有一个预设，即：有人认为 A 比 BVP。②式也是话语否认，也有一个预设，但跟①式有三点不同：A. 预设和否定话语不同。②式的预设是：照理说 A 比 B•VP•很多。否认的话语是：A 比 B•VP•很多。B. 否定焦点不同。C. 两种句式的含义不同。③式与①式也有三点区别：A. 预设不同。③式的预设是 B 不 VP。B. 否定类型不同。C. 句子的蕴涵不同。④式与①式的区别在于：A. 预设不同。④式的预设是 A 比 B•VP。B. 否定类型不同。C. 否定范围不同。可见，句子在语义和语用上的区别，通过不同形式的否定表达出来。

三、拓展延伸

（1）"比"字句作为对外汉语教学的一个重要内容，一直备受对外汉语教学界关注。随着 20 世纪 80 年代对外汉语教学事业的蓬勃发展以及对比分析理论、偏误理论和中介语理论的引入、发展和应用，立足于对外汉语教学的"比"字句研究逐渐增加。研究者们运用第二语言习得理论从对比分析、偏误分析、习得顺序及语法点排序等方面对比较句进行了探讨。但相对于现代汉语本体研究来说，这类有针对性的研究还比较少。从目前收集到的资料来看，研究成果主要是对比较句的研究，附带讨论了作为比较句重要句式之一的"比"字句（乔燕妮，2010）。第二语言习得中的对比分析理论、偏误分析理论和中介语理论不仅在很大程度上影响了对外汉语教学界对"比"字句的研究，同时也是本章重要的理论基础。

（2）对外汉语"比"字句教学分析：

①大纲方面

在《对外汉语教学初级阶段教学大纲（语法大纲部分）》、《高等学校外国留学生汉语教学大纲（长期进修）——语法项目表》（简称《进修大纲》）和《高等学校外国留学生汉语言专业教学大纲》（简称《专业大纲》）中，"比"字句教学都主要集中在初级阶段部分，各大纲对"比"字句语法点的选择和编排相差不大。在句式 8、9、10 的编排上，句式 8 在《进修大纲》初级二阶段，而在《专业大纲》中为中级阶段。句式 8 较为复杂，在认知上有一定难度，因此放在中级阶段更合适。对于句式 9 和句式 10，陈珺、周小兵（2005）指出，对于涉及语境因素、语用条件比较复杂的项目，如"不比""含'更、还、再'"的"比"字句，不能只考虑形式上的相关性，在初级阶段追求大而全，一并出齐，而应放在较后阶段，等学生积累了一定语感后再出现。因此我们认为句式 10 应安排在中级阶段教学。

②教材方面

《汉语教程》在一课之内安排了"比"字句的几乎所有句式，分别为句式 1、2、3、4、6、7 和句式 9、10 共八种句式。而《初级汉语课本》则是在四课中安排了句式 1、3、5、6 和 8 共五种句式。相比起来，《汉语教程》更重视语法点的系统性，但是在对外国人的语法教学中讲究系统性，追求大而全，反而会使问题复杂化。而《初级汉语课本》则简化了语法项目，只选择最基础的形式，更能减轻学习者在初级阶段的负担，达到更好的教学效果。另外，在对语法点的解释上，《初级汉语课本》减少了许多语法术语，又能把语法点说清楚。

③教师方面

课堂教学中教师和学生的关系，应该是以教师为主导，以学生为中心。作为课堂教学的设计者，教师在学习者的学习过程中扮演着非常重要的角色。课堂教学采取何种模式，讲解具体语法点时采用何种技巧，以及对学生学习策略的引导方面，都是教师在课堂教学中需要处理的问题。对"比"字句的教学过程应该包括语法点展示、语法点解释和语法点联系三个环节。语法点的处理上应该深化、细化。在对外汉语教学中，由于只注重形式，忽略语义、语用造成的偏误很多，因此，教学应从意义到形式再到语用。最后，教师应该对偏误进行预测、分析、引导，根据研究成果在教学中加以引导以减少偏误的发生。

从对大纲和教材的考察来看，"比"字句的教学主要集中在初级阶段。中、高级阶段的相关语法项目很少，有的大纲或教材则干脆没有。在初级阶段，受学习者语言水平的限制，讲解的只是"比"字句最基本的句法形式、语义要求和语用预设。初级阶段的教学内容受到局限，且初级阶段的语法教学的语法量大、集中、重现率低。中级阶段的教学又出现脱节的话，就会导致学习者在运用时出现回生，以至于在中级阶段乃至高级阶段还出现一些在初级阶段就有的偏误。因此，"比"字句句式中某些相对复杂的句式如句式7、句式8等应放在中级阶段进行讲解。且随着学习者汉语水平的提高，一些基本句式在中级阶段应有复现，并对语义、语用方面进行深入讲解。另外还有一些句式如"X 比 Y 还 Y"等具有修辞功能，应放在高级阶段教学。这样可以避免"比"字句的学习在初级阶段后就停滞不前，促进学习者最终习得"比"字句。正确运用"比"字句必须以对语义要求和句法限制的掌握为基础。而如何使语言在日常交际中正确、得体，离不开对语用环境的认识。

第九章

存现句

第一节　存现句常见偏误

由于受母语负迁移的影响等原因，留学生中存现句学习偏误出现频率较高。本节总结归纳汉语学习者偏误类型，提出问题，解决问题。

一、遗漏

在存现句偏误中，这类偏误占很大比重。

1. 动词的遗漏

误：钱包里三张银行卡、两张名片。

改：钱包里有三张银行卡、两张名片。

2. 副词的遗漏

误：每个学校里有操场。

改：每个学校里都有操场。

3. 方位词的遗漏

误：书桌有电脑。

改：书桌上有电脑。

二、误代

误代：在某一句法位置上使用了不该使用的某些语言单位。

误：学校有的体育馆、有的图书馆。

改：学校有体育馆、有图书馆。

三、冗余

冗余：在句子中出现了多余成分。

1. "存在"意思的重复

误：书桌上放有一杯水。

改：书桌上放着一杯水。/书桌上有一杯水。

2. 量词的冗余

误：我的件衣服有两种颜色。

改：我的衣服有两种颜色。

四、错序

错序：语法项目顺序颠倒。

误：一件衣服墙上挂了。

改：墙上挂了一件衣服。

第二节　存现句的概念及类型

一、概念

存现句是表示何处存在、出现、消失了何人或何物，结构上用来描写景物或处所的一种特定句式。

存现句的基本格式为：时间/地点词语 + 动词 + 人/物名词。例如：

森林里跑来了一只大老虎。（出现）

森林里奔跑着一只小花鹿。（存在）

森林里死了一头狼。（消失）

二、存现句的类型

根据存现句谓语动词意义不同，可以把存现句分为存在句和隐现句。

1. 存在句

存在句是表示何处存在何人或何物的句式。

（1）常用的句式为：

地点词语（表示处所或方位的名词或短语）+ 动词 + 名词（存在的人或事物）

（2）静态存在句表示事物的存在是静态的。例如：

门口有一棵大槐树。

山顶覆盖着白雪。

沿河种着一排垂柳。

（3）动态存在句表示动作持续的状态是动态的。例如：

天上飞着一只老鹰。

屋顶上飘着五星红旗。

他的眼里闪着泪花。

2. 隐现句

隐现句表示何时或何处出现（现）、消失（隐）何人或何物。

（1）隐现句常用的句式为：

时间｜地点词语（表示时间或处所与方位的名词或短语）＋动词＋名词（表示出现或消失的人或物）

（2）谓语动词表示出现的叫出现句。例如：

远处传来一声响。

巷子口走来一群青春洋溢的学生。

她的脸上透出一丝笑意。

（3）谓语动词表示消失的叫消失句。例如：

村里丢了几只羊。

村子里又搬走了几户人家。

小河边顿时没有了女人的踪迹。

三、存现句的结构特点

存现句一般分为三段。在结构上，三段各有特点。下面对存现句的前、中、后三段做简单说明。

1. 前段句首时地名词的特点

（1）存在句句首词语必须是处所词语。例如：墙上挂着一幅画。

隐现句句首词语可以同时出现时间处所词语。例如：昨天家里来了几个客人。（但是时间词是做状语的，不是句子的主语，它是存现句的可有成分，不是必有成分。处所词仍然是句子的主语）

（2）处所词包括一切指明处所的词语。

①包括处所名词；隔壁、附近、体育场，等等。

②方位名词：前面、后边、左前方，等等。

③处所短语：介词短语（例如：临街、靠墙等）、地点+方位名词短语（例如：学校前面、桌子上等）。

④表示处所的代词：这里、那儿、那边等。

（3）时间词语：存现句中的时间词语包括时间名词和其他表示时间的词组。例如：最近、后来、十年以后、一个月前，等等。

2. 中段句中谓语动词的特点

一般来讲，存现句谓语动词大都与人、物的位置或位置的移动有关，凡是与位置或位置移动关系不大的动词不能做存现句的谓语。例如：哭、听、想。另外，存现句中，动词后面一般要带动态助词"着""了"或结果补语趋向补语。例如：树上掉下一只果子。（趋向补语）

而存现句谓语动词具体特点，还因类别不同而有所区别，下面简单分析一下：

（1）存在句

存在句有时可以没有动词，谓语部分只有名词短语。例如：地上一片垃圾。

存在句中的谓语动词一般可换成"有"，意思基本不变。例如：电线杆上歇着一只麻雀。

在区别"是"字句是不是存在句时，可以将"是"换成"有"，看句子意思变不变。例如：西安是我的故乡。——西安有我的故乡。（不合逻辑，所以此句一定不是存

现句)

（2）隐现句

隐现句谓语动词一般是不及物动词。这些动词包括：

①与人或物移动有关的：走、跑、来，等等。

②表示出现、消失意义的：飘、响、失去、消失，等等。

③带着趋向补语的谓语动词：走过来、跑出去、搬走，等等。

有的动词既可以表示出现，也可表示消失，例如：走、跑，等等。

3. 后段句末人/物名词的特点

存现宾语大都有施动性或不确指性，且宾语前大多是数量定语或者描写性定语。

例如：台上坐着学生代表。例句中"学生代表"就在不及物动词后面，有施动性。又如：天上飘着朵朵白云。"朵朵白云"不确指。

比较两组句子：

（1）桌子上有一本书。

（2）桌子上有那本书。

桌子上有一本书。那本书在桌子上。

四、使用存现句的限制条件

（1）存现句的否定式是在谓语动词前面用否定副词"没"表否定。

例如：最近村子里有人结婚。——否定：最近村子里没有人结婚。

（2）否定句中，指人或物的名词（宾语）前不需要加数量词或指示词。

例如：小溪边没有野花。

（3）动词前面一般不能加表示进行态的时间副词"正"或"在"。

例如：墙上（在）挂着一幅山水画。

第三节　存现句教学过程

一、导入

结合课堂情景，导入新课教学：

（1）教师首先现场提问学生以下 2 个问题并要求学生一一作答：

①讲台上有什么？

②教室里来了什么人？

（2）然后根据学生的随机回答，引出存现句的以下 2 种意思：

①讲台上有电脑。——表示存在

②教室里来了 2 位老师。——表示出现

（3）给出学生最后一个例句并引出例句所要表达的意思：

他家死了一只猫。——表示消失

二、对存现句进行讲解

（1）给出存现句的结构并将以上的 3 个例句再一一对应：

存现处所（place）+存现方式（V）+存现物（N.）

讲台上有电脑。

教室里来了 2 位老师。

他家死了一只猫。

（2）教师总结存现句的特点：

处所（place）放在句子最前面，表示强调处所（Place）。

（3）对存现句整句中的三个部分进行讲解：

①存现处所常用形式：

名词+方位词（N+上｜下｜里｜外｜前｜后｜左｜右边）

例如：家里、桌子上、教室里。

②出现方式常用形式：

有｜是｜V 着｜V 了

A. 表示存在，用"V 着"。例如：桌子上放着一杯水。

B. 表示出现、消失，用"V 了"。例如：教室里来了 2 位老师。他家死了一只猫。

③存现物常用形式：

数词+量词+名词

例如：一杯水、2 位老师、一只猫。

三、根据以上结构形式造句

（此处可以看图造句也可以采用现场灵活造句）

四、练习

1. 改错题（教师要求学生判断以下 3 个句子正确与否并进行修改，加深学生对存现句的理解和掌握）

（1）在前面来了一个人。改：前面来了一个人。

（2）桌子放着一本书。改：桌子上放着本书。

（3）上面桌子上有一台电脑。改：桌子上面有一台电脑。

2. 分析题（分析下面句子是不是存现句，并说说为什么）

（1）明天是除夕。

（2）最后面的是几个女生。

（3）天空中一轮明月。

（4）靠窗一张写字桌。

（5）昨天亲戚来我家了。

（6）昨天我家来了一个亲戚。

（7）房间内外干干净净。

（8）房间外面一片垃圾。

（9）天上一片乌云。

（10）一只老虎关在笼子里。

五、总结存现句的三种意思和结构形式

（略）

六、作业

要求学生课后拍一张自己房间的照片，在下节课上将所有学生拍的照片全部打乱放在讲桌上，随机安排学生拿着照片进行描述，其他学生可根据所描述的照片中情景猜测是不是自己的房间。（巩固学生对本节课存现句的掌握）

第四节　存现句教学建议

（1）教师要了解留学生学习存现句时常见的偏误类型，分析偏误成因，在教授存现句之前做好备课工作，对于整个教学要有预测性。

（2）在存现句的教学过程中要有重点。根据留学生学习存现句的实际情况，对他们感到困难、容易出错的地方进行重点讲解、纠错，并反复练习，直到学生掌握。

（3）最后，整个教学过程要循序渐进。因为留学生在汉语学习的不同阶段，学习汉语存现句的情况也有所不同，所以存现句教学要根据留学生水平进行分阶段教学。

第五节　存现句拓展延伸题

一、思考练习题

1. 判断下面句子是不是存现句
（1）在昨天发生了一件有趣的事。（　　）
昨天发生了一件有趣的事。（　　）
那里有一座秘密别墅。（　　）
在那里有一座秘密别墅。（　　）
笼子里飞出一只小鸟。（　　）
从笼子里飞出一只小鸟。（　　）
（2）门前围着很多人。（　　）
门前围着人。（　　）
山坡上跑来一只羊。（　　）
山坡上跑来羊。（　　）
（3）路边站着两个中学生。（　　）
路边有两个中学生。（　　）
2. 把下面各句变成存现句
（1）白云在蓝蓝的天空中飘着。

（2）远远地一个孩子跑了过来。

（3）渔夫住在大海边。

3. 根据给出的词连成句子

（1）院子里一辆自行车有

（2）摆放的是公园大门口石狮子

（3）一座小河上木桥

4. 用存现句式描述自己的房间

二、拓展延伸

存现句偏误：存现句语法规则把握不好从而产生一些规律性错误。这里主要包括遗漏、误加、冗余和错序、时间空间关系认知错误等小类。

（1）遗漏：缺少了某些或某个必须出现的成分，如词或短语。这类偏误占很大的比重。而方位词的遗漏在词类偏误中又占了很大的比重。

例如：一辆公共汽车（从）那边开过来。

我家桌子（上）有花瓶。

（2）冗余：在句子中出现了多余的成分。其中有可能是两个表达存现概念的成分，也可能是量词的冗余等。

例如：沙发上放有几个靠垫。（"放"和"有"两个表存在的概念重复）

教室的墙上贴着有几幅标语。（"贴着"和"有"两个表存在的概念重复）

（3）误加：在存现句中多了不该出现的词或短语。

例如：在墙上挂着一幅画。

（4）错序：存现句中三段成分顺序不能乱。

例如：图书馆是操场的南边。（×）

——正确：操场的南边是图书馆。

一个人楼梯上走下来。（×）

——正确：楼梯上走下来一个人。

山上五颜六色的花开满了（×）

——正确：山上开满了五颜六色的花。

（5）时间空间关系认知错误。

例如：村子外面全有麦田。（×）

——正确：村子外面全是麦田。

清明节当晚，夜里落着一场春雨。（×）

——正确：清明节当晚，落了一场春雨。

参考文献

[1] 刘珣. 对外汉语教育学引论 [M]. 北京：北京语言文化大学出版社，2000.

[2] 吴勇毅. 对外汉语教学法 [M]. 北京：商务印书馆，2014.

[3] 卢福波. 对外汉语教学实用语法 [M]. 北京：北京语言文化大学出版社，2011.

[4] 国家汉办. 国际汉语教学通用课程大纲 [M]. 北京：外语教学与研究出版社，2008.

[5] 崔永华，杨寄洲. 对外汉语课堂教学技巧 [M]. 北京：北京语言文化大学出版社，1997.

[6] 国家汉办. 对外汉语教学语法探究 [M]. 北京：中国社会科学出版社，2003.

[7] 李德津. 外国人实用汉语语法 [M]. 北京：华语教学出版社，1988.

[8] 刘月华，等. 实用现代汉语语法 [M]. 北京：商务印书馆，2002.

[9] 鲁健骥. 对外汉语教学思考集 [M]. 北京：北京语言文化大学出版社，1999.

[10] 陆俭明. 作为第二语言的汉语本体研究 [M]. 北京：外语教学与研究出版社，2005

[11] 吕文华. 对外汉语教学语法探究 [M]. 北京：北京语言文化大学出版社，1994.

[12] 赵金铭. 对外汉语教学概论 [M]. 北京：商务印书馆，2004.

[13] 周健，彭小川，张军. 汉语教学法研修教程 [M]. 北京：人民教育出版社，2004.

[14] 陈田顺. 对外汉语教学中高级阶段课堂规范 [M]. 北京：北京语言文化大学出版社，1999.

[15] 王钟华. 对外汉语教学初级阶段课堂规范 [M]. 北京：北京语言文化大学出版社，1999.

[16] 刘英林. 汉语水平等级标准与语法等级大纲 [M]. 北京：高等教育出版社，1996.

[17] 杨寄洲. 汉语教程 [M]. 北京：北京语言文化大学出版社，1999.

［18］徐子亮. 汉语作为外语教学的认知理论研究［M］. 北京：华语教学出版社，2000.

［19］彭小川，等. 对外汉语教学语法释疑201例［M］. 北京：商务印书馆，2008.